Pablo
Picasso

Mary Ann Caws

关键人物 · Critical Lives

毕加索

[美] 玛丽·安·考斯 著

孙志皓 译

孙天义 译审

著作权合同登记号 图字：01-2008-4811

图书在版编目（CIP）数据

毕加索 /（美）玛丽·安·考斯（Mary Ann Caws）著；孙志皓译. —北京：北京大学出版社，2017.8

（关键人物）

ISBN 978-7-301-28330-1

Ⅰ.①毕… Ⅱ.①玛… ②孙… Ⅲ.①毕加索（Picasso, Pablo Ruiz 1881—1973）—传记 Ⅳ.①K835.515.72

中国版本图书馆CIP数据核字（2017）第105360号

Pablo Picasso by Mary Ann Caws was first published by Reaktion Books, London, 2005 in the Critical Lives series

Copyright © Mary Ann Caws 2005

本书中文简体字翻译版由REAKTION出版公司授权北京大学出版社独家出版发行。

书　　名	毕加索 BIJIASUO
著作责任者	[美]玛丽·安·考斯(Mary Ann Caws) 著　孙志皓 译
责任编辑	闫一平
标准书号	ISBN 978-7-301-28330-1
出版发行	北京大学出版社
地　　址	北京市海淀区成府路205号　100871
网　　址	http://www.pup.cn　新浪微博:@北京大学出版社 @培文图书
电子信箱	pkupw@qq.com
电　　话	邮购部 62752015　发行部 62750672　编辑部 62750883
印 刷 者	三河市国新印装有限公司
经 销 者	新华书店 880毫米×1230毫米　32开本　7.75印张　133千字 2017年8月第1版　2017年8月第1次印刷
定　　价	52.00元

未经许可，不得以任何方式复制或抄袭本书之部分或全部内容。

版权所有，侵权必究

举报电话：010-62752024　电子信箱：fd@pup.pku.edu.cn

图书如有印装质量问题，请与出版部联系，电话：010-62756370

目录 Pablo Picasso

i	序 / 亚瑟·C. 丹托
001	第一章 概述
015	第二章 西班牙人毕加索
035	第三章 巴黎：洗衣船
059	第四章 《阿维尼翁的少女》和立体主义的起源
081	第五章 诗歌立体主义
115	第六章 俄罗斯芭蕾舞团
149	第七章 超现实主义
187	第八章 《格尔尼卡》与共产党
197	第九章 法国南部
219	第十章 结束语
227	参考文献
232	致　谢
233	图片使用致谢

序

亚瑟·C.丹托
Arthur C.Danto

英雄的一生可以通过其伟业——难忘的胜利和巨大的成功——来记载。当然,如果这位英雄是一个悲剧人物,失败和死亡则是另一种记录的方式。如果这位英雄是艺术家,记录其伟业的方式可能无外乎是其代表作的回顾展。这些代表作如同山脉一样,顶峰和山谷界定突破和成就,也包括失败,如果失败存在的话,还有从失败中的崛起。但这些方式不能让我们更多了解一个活生生的英雄——这个英雄是如何生活的。英雄最终也是人,借用尼采的话说就是具有人性的人。具有人性的人有躯体和灵魂,有需求、有依赖,也有依赖于他/她的人。这些人包括父母、兄弟姊妹、老师和导师、朋友和敌人、爱人和情敌、子女、医生和仆人,甚至马和狗。我们可以通过其出生和安息的地方、居住过的众多国家和城市来想象英雄的一生，想象这些地方对英雄的思想发展起到了什么作用。理想的毕加索传记应该是一套多册的书籍——在哪里生活过，什么时间与什么人在一起，包括所有的素描和代表作品，他人对毕加索的影响和他对其他人的作用，毕加索不同时期不同的居住地的生活以及这些时期的作品有什么不同。很难想象通过管中窥豹的途径来全面了解毕加索。一系列对毕加索的误解恰恰告诉了我们尽可能多的有关毕加索的真相，只有真相，别无其他。

玛丽·安·考斯巧妙地选择了从早期就在毕加索圈内的人的角度来介绍毕加索。这些人不同于毕加索的一个接一个、但终究不能与他为伴的无数女人，因为这些人出现在毕加索不同的生活阶段，组成了不同的家庭，而且像所有女人一样有着不同的生活方式。我可以很明智地说，英雄和他的兄弟们具有了神话色彩，就像亚瑟王和他的骑士、罗宾汉和他的绿林好汉、苏格拉底和他的学生一样。令人惊奇的是，"毕加索圈"没有一个画家，也没有一个女人，尽管画家和女人无疑是毕加索一生各个阶段的组成部分。"毕加索圈"由诗人组成，一间具有传奇色彩摇摇欲坠名叫"蒙马特洗衣船"的画室是他们聚集的地方，门上的"洗衣船"字迹也足以说明其破旧程度。在这个艺术圈子里，毕加索和其作品是这些诗人的主题和准则，可以公平地说，这些思想家和作家的生活内涵是毕加索的人生和他们与毕加索之间的关系。一些诗人来去匆匆，但一些诗人永远伴随着毕加索。这些诗人是马克斯·雅各布（Max Jacob）、安德烈·萨尔蒙（André Salmon）和纪尧姆·阿波利奈尔（Guillaume Apollinaire）。就像一部歌剧一样，由诗人组成的合唱团环绕着男主角毕加索。但这一幕发生在一间画室里，画斜靠在墙上，一群人坐在毕加索的《阿维尼翁的少女》前吃着简餐，一条狗睡在一张临时搭起来的桌子下面，费尔南德·奥利维耶（Fernande Olivier）盖着一条摩洛哥毛毯在睡觉。歌剧在继续着，第二幕的场景也许发生了变化，《阿维尼翁的少女》变成了《格尔尼卡》，多拉·玛尔（Dora Maar）替代了费尔南德，让·科克托（Jean Cocteau）加入了大合唱，毕加索也谢顶了，狗也是另外一条。但是，毕加索生活的模式从根本上没有改变。"洗衣船"是毕加索的生命被默认的条件。毕加索后来说他在这里很幸福，也正是在这间陋室里，他成为毕加索。

我认为考斯歌剧式的传记格式是机智的选择，这种格式使得她能把自己无与伦比的对法国诗歌和文学运动的知识运用到对毕加索的探讨中去。这种写作格式进一步证明了，与其他任何现代艺术家不同，毕加索的一生是文学的人生。除了"洗衣船"的诗人外，伴随毕加索的还有布莱兹·桑德拉尔（Blaise Cendrars）、格特鲁德·斯坦（Gertrude Stein）、勒内·夏尔（René Char）、安德烈·布勒东（André Breton）。即便是同时代唯一能与毕加索齐名的亨利·马蒂斯（Henri Matisse）在这一点上也无法与毕加索比拟。布鲁姆斯伯里团体是一个画家和作家的组合，但即便是弗吉尼亚·伍尔芙（Virginia Woolf）也不是这个派别的核心人物，因为这个派别的艺术家们有着各自的发展轨迹。纽约的诗人围绕着费尔菲尔德·波特（Fairfield Porter）组成了一个派别，但波特缺乏杰出人物的素质。最终，诗人合唱团为歌剧般的主人公毕加索下了定义；玛丽·安·考斯用原始的歌词记录了这个英雄的一生，一个绝无仅有的艺术家的人生。

自画像,1901,素描。

第一章 概述

重要的是去做,没有其他,什么结果都可以。[1]

本书将集中于毕加索一生中的一些亮点进行介绍,而不是重复人们已经熟悉的毕加索著名人生中的人和生活过的地方。与按时间顺序详细记叙的标准传记形式不同,毕加索在不同地方的生活和创作、按日期顺序排列的作品、画展的时间和地点、展览和出售的情况等将根据本书内容的需要加以介绍,并且根据与我的关注点关系密切程度来决定是否拓展讨论。

我特别希望强调毕加索与他的密友的重要关系。对我来说,与标准传记格式不同,对毕加索与密友之间的关系进行

---

[1] Dore Ashton, ed., *Picasso on Art: A Selection of Views* (New York, 1972), p. 38, 语出萨瓦特斯(Sabartès)。

更深入的研究，能够使我们在21世纪对这位20世纪的不朽人物有不同的认识。

尽管毕加索游牧民般的绘画风格变化毁誉参半，他一开始就是一个有自我意识的表演家，而且还不是一个特别谦虚的表演家。他说："上帝没有风格。"所以，为什么毕加索就要有固定的风格呢？在一幅早期自画像下毕加索写道："我是国王。"或者更简单的说就是"嘿，我是毕加索"。这说明了一个事实，至少是从毕加索个人的角度，他承认自己的画风不断变化，所以对他画风变化的议论也不是完全没有道理。

毕加索变幻莫测的见解、艺术表现方法、爱情和朋友可被视为他天才和性格必然的扩展。他的画艺不论是被崇拜，还是被嫉妒、被憎恶，毕加索仍是一个特定的才华横溢的现代主义人格典型，而这种人格又被他具有矛盾趋势的偶像化人生和模式所放大。例如在与朋友的关系中，一方面是他不同寻常的慷慨大方，而另一面是与他对朋友体贴入微明显相反的残酷。

从法国作家安德烈·马尔罗 (André Malraux) 对毕加索的采访中我们就可以清楚地了解毕加索的个性。毕加索演什么像什么。无论是扮演刻画杂耍艺人或巫师、弄臣或丑角、

第一章 概述

大众娱乐的马戏团人物或意大利面具喜剧中的角色,毕加索的一生都处在一个永恒的动态中,打完一场拳击赛后立即登上下一个擂台,出类拔萃,以爱情一样的强烈的热情忘我工作、工作、再工作。"做没有做过的事情,即使以后绝不会再去尝试。"[1] 他自负,虽然不是彻头彻尾的自负。毕加索在与马尔罗的访谈中就表现出典型的"谦虚"姿态,他说:"去他的风格!上帝就没有风格。他创造了吉他、小丑、腊肠狗、猫、猫头鹰、鸽子。跟我一样,上帝创造了从未有过的事物,我也创造了不存在的事物。上帝创造了绘画,我也创造了绘画。"毕加索对伪装的强烈爱好不亚于他对女人和工作的狂热,随着岁月的流逝,这种嗜好更加强烈。我们看到毕加索在一件接一件换着戏装,将所有他有兴趣的角色放在自身之中,有小丑和猴子,也有西班牙舞娘和杂耍艺人。

通过毕加索"蓝色时期"作品中与意大利即兴喜剧中丑角大同小异的小丑形象能够最真实地捕捉到毕加索特定的苦恼和我们所熟知的毕加索情感。毕加索与马戏团的关系始终

---

[1] André Malraux, *Picasso's Mask*, trans. June Guicharnaud with Jacques Guicharnaud (New York, 1974), pp. 18-19.

巴塞罗那小丑，1917，帆布油画。

很重要，20世纪初他最初交往的女人中的一个就是哥本哈根蒂沃利马戏团的驯马师罗西塔·德尔奥罗（Rosita del Oro）。杂耍艺人对毕加索巨大的吸引力于2004年在巴黎大皇宫举办的"游行"画展中就体现出来，一些画中有1901年自杀的毕加索好友卡莱斯·卡萨吉玛斯（Carles Casagemas）的悲伤面孔。毕加索1917年的作品《巴塞罗那的丑角》和1923年的《丑角画家》（蓬皮杜国家艺术文化中心）更显示了毕加索人生与这个丑角人物的紧密联系。让·克莱尔（Jean Clair）在他题为《小丑艺术家》的讲座中描述道，小丑和丑角触及了边缘化群体轻松的一面，脱离了社会习俗中所谓的奇迹和丑陋的一面。[1]有秩序和无秩序的仪式、创世和与其对立的神话、侏儒和巨人、迷狂和祭祀、平衡和失衡，将天堂和现实生活联结起来。这些就像宗教一词的起源，religere：天空和大地的联结。巫师用骗术召唤死亡。这种纯真和怪异的结合使我们想起法国象征主义诗人夏尔·波德莱尔一首题为《老江湖骗子》的著名散文诗。在欢快的节日人群前，江湖骗子和杂耍艺人配合着一场精彩的演出。诗人想给这个贫穷的老江湖艺人一点钱，但是人群把他拖走了：

> 回到家，我依然被这个景象所困扰。我试图解析这突如其来的悲哀。我对自己说：我刚刚看到这样一幅画面，一个成功地让下一代人感到愉悦并且比他们还要长寿的老作家；一幅如此的画面：老诗人没有朋友、没有

---

[1] 2004年巴黎大皇宫画展期间讲座。

家庭、没有孩子,人格被贫穷和人们的忘恩负义侮辱,健忘的世人将他扔在无人问津的地方[1]

在各种伪装之下,无论是小丑还是丑角,无论是他所有不同的见解还是不同的风格和题材,也无论是在光环下还是在小报中,毕加索都主宰了无数人的精神世界和绘画市场。2004年5月5日,毕加索青年时代"玫瑰时期"的作品《小路易》(《拿着烟斗的男孩》)以历史上绘画作品最高价拍卖成交。约翰·理查森(John Richardson)描述道,抒情诗般的画面很明显对当代人的心灵具有吸引力。

毕加索过激的情感和被公认的出类拔萃地位可能让他看起来会不在乎友情而让别人崇拜他。他说:"或许除了戈雅,特别是凡·高,我没有真正的朋友。我只有情人。"[2]但实际上,特别是激动人心的早期阶段,毕加索与诗人和作家令许多人羡慕的友情无人能比。在这一点上,毕加索明显不同于其他画家,他珍惜友情,他的朋友也同样珍惜与毕加索的情谊。友情是毕加索非凡的传奇和真正的超常人生的一部分。

---

[1] Charles Baudelaire, *The Prose Poems and La Fanfarlo*, trans. Rosemary Lloyd(Oxford and New York, 1990), pp. 47-9.

[2] Malraux, *Picasso's Mask*, p. 19.

第一章 概述

作为18世纪绅士的自画像，1896，帆布油画。

不同的传记作家通过不同的手段来处理毕加索的强烈情感。伊丽莎白·考林（Elizabeth Cowling）内容翔实的著作聚焦20世纪40年代这段时间。在这段时间里，毕加索在纳粹德国占领巴黎后宣布自己是共产党员并迁居到法国南部。约翰·理查森在他的著名巨著中反复强调毕加索聚焦于身边一切事物的凝重目标所表现出来的强烈欲望。他看到很多、看得深刻，他征服了所有他看到的：物体和女人、朋友和画布。但是，他一生始终被困扰着的是人生最终所必然的死亡。所以人们或许可把毕加索各种伪装和假象解释为对抗巨大的现实的一种表演。众多的传闻也证实了这种看法,例如对为他的知己、法国诗人阿波利奈尔修建令人伤感的纪念碑的反感,缺席马蒂斯的葬礼。

描述毕加索这些为人熟知的事实是把所有的事物、爱情和风格像变戏法一样合成为一件完美、如果不是奇怪的具有连贯性的艺术品。这件艺术品涉及多个领域和人物,正如作家和收藏家格特鲁德·斯坦很恰当地指出的那样:"情绪化跳跃和勇气"。总而言之,毕加索不是在演出人生的独角戏,他的精通文字的朋友伴随着他的努力,"不让自己慢下来,全神贯注"[1]。他的早期伙伴有马克斯·雅各布、纪尧姆·阿波利奈尔、皮埃尔·勒韦迪(Pierre Reverdy)、安德烈·萨尔蒙;中期有让·科克托、保罗·艾吕雅(Paul Eluard)、安德烈·布勒东、米歇尔·莱里斯(Michel Leiris);后期则有不同的作家朋友克莱夫·贝尔(Clive Bell)、勒内·夏尔。当然艺术家也存在于他的生活之中:胡安·格里斯(Juan Gris)、乔治·布拉克(Georges Braque)、亨利·马蒂斯。然而正如斯坦描述的那样,毕加索与人为友是因为他们是他所需要的:

---

[1] Gertrude Stein, *Picasso* (New York, 1984), p. 90.

第一章 概述

> 他生活在巴黎。他在巴黎的朋友都是作家而不是画家，当他能创作出他所希望的画作时，为什么要画家做朋友呢？
>
> 像每个人一样，他需要想法，但不是有关绘画的想法，他必须认识对想法感兴趣的人，因为他一出生就知道如何绘画。[1]

女人在毕加索生活和作品中的角色已经有了应有的大量记叙。人们常说，毕加索每换一个情人或妻子，他的风格也变化一次。总之，毕加索作品中的模特都可以清晰地区分出来，关于这一点也有大量的评论。同样毕加索在立体主义时期与布拉克和马蒂斯的关系也有了应得的论述。1954年马蒂斯去世后，毕加索从此失去了值得并乐于探讨艺术的人。马蒂斯对比自己年轻的毕加索在开始被人们接受的阶段和以后的年代里那种风格和方法持续变化在艺术领域引起的动荡有自己的看法。一些人说毕加索太过分了，如此反复无常。约翰·伯格（John Berger）指出毕加索罕见的不一致性。詹姆斯·埃尔金斯（James Elkins）则认为毕加索是个惹乱子的

---

[1] Gertrude Stein, *Picasso* (New York, 1984), p. 5.

艺术家。马蒂斯在毕加索拜访自己后对弗朗索瓦丝·吉洛（Françoise Gilot）说："他来看我，然后再也没有来过。他看他需要看的东西，我的剪纸画、我的新作品、门的颜色，等等。那些是他想看的。有朝一日他会利用这些的。"[1] 关于这一点，弗朗索瓦丝回忆毕加索这样说过："有可偷的我就偷。"毕加索借或者偷当然是对被盗者一种不错的恭维，因为他比被盗的人更欣赏这些东西。

如此的折中主义和极端的"借鉴"尤其在法国是不会得到赞同的。这种手段被看作对严肃性的背叛。这种从一件事跳跃到另一件事的业余行为刺激了很多人。他们认为这种行为与认真和敬业完全背道而驰。例如，罗伯特·德劳内（Robert Delaunay）斥责毕加索的折中主义是盗窃（抢劫）。浅薄、势利、缺乏严肃性构成了毕加索的个性。[2] 约翰·伯格在对艺术和艺术家具有启发性见解的《毕加索的成败》一书中指责毕加索只是在1907到1914年立体主义时期有所建树。批判毕加索最激烈的是皮埃尔·库蒂翁（Pierre Courthion）。他在法国《美术公报》上刊文指出，毕加索"无

---

[1] Elizabeth Cowling, *Picasso: Style and Meaning* (London, 2002), p. 5.
[2] *Ibid.*, p. 17.

第一章 概述

休止地浪费时间。毕加索在越来越快速演替的思想和风格变化中充满着优柔寡断……这个当代的普罗透斯,这个从巴别塔来的外来户犯了过度的华而不实的大忌。总的来说是过分的随意性"。库蒂翁接着抨击道,毕加索"急功近利的实验"证明他不是一个严谨的法国人而是一个半吊子。[1] 伊丽莎白·考林就库蒂翁的种族主义一面之词指出:不考虑毕加索流亡的时间,也不考虑毕加索选择生活、工作、最后死在法国这一事实,作为一个西班牙流亡者,毕加索确实缺乏法国人的明确性,更重要的是缺乏法国人的中庸之道。啊,这就是毕加索混血人种的本质:秉承犹太–阿拉伯价值观的不安分的后代!

当前研究毕加索的一个原因就是因为这种不安分、频繁的场景变化和他多变的激情。对我来说这些变化是我主要感兴趣的。例如,毕加索众多的生活环境和朋友圈中的人物,可以与西班牙文化中的"文化圈"相比较。毕加索的每个人群和每个环境都是一个篇章,从而将他的艺术创作分成不同的时期。当然,毋庸置疑,每个时期之间没有严格的划分。这些人物、地点和作品不断发展的重要性也体现在不止一个

---

[1] Elizabeth Cowling, *Picasso: Style and Meaning* (London, 2002), p. 18.

界线分明的时期,就如同立体主义通道观念一样,画面的层次从一个滑动到另一个。这一特征显示在1909年毕加索分析立体主义风格的埃布罗河奥尔塔山村风景画中。那一年毕加索在巴塞罗那的朋友帕拉雷斯(Pallarés)邀请他去那里做客。巴塞罗那在毕加索的思想和作品中始终占据着极其重要的地位。

从1889年到1903年在巴塞罗那,是毕加索的早年时期,中心地点是"四只猫咖啡馆"。1904年到1906年在巴黎创业的时期的中心是"洗衣船"和他最亲密的朋友马克斯·雅各布。两人亲密到甚至共享一顶高顶礼帽。这时格特鲁德·斯坦开始出现在他的作品中,毕加索为她画了一幅非常著名的肖像。费尔南德·奥利维耶在这个时期是毕加索的伴侣。她的回忆录生动地记叙了他们这段生活。1907年左右是现代派在世界文化艺术上最重要的时期,这一时期毕加索的核心是《阿维尼翁的少女》系列作品。在1908年到1915年的立体主义时期,乔治·布拉克和胡安·格里斯一直伴随在毕加索左右。在这一时期,尽管毕加索与伊娃·古埃尔(Eva Gouel)是情人关系,但我认为纪尧姆·阿波利奈尔是主要人物。毕加索在临终前还喃喃地呼叫着阿波利奈尔的名字,是阿波利奈尔陪伴着毕加索离开了人世。在1916年到1920

第一章 概述

年这一时期，让·科克托对毕加索与迪亚基列夫（Diaghilev）和俄罗斯芭蕾舞团的合作起到了重要作用。在芭蕾舞团毕加索遇见了他未来的妻子奥尔加·柯克洛娃（Olga Koklova）。从 1921 年毕加索开始持续说服雅克·杜塞（Jacques Doucet）买下《阿维尼翁的少女》开始，直到大约 1935 年，核心人物是安德烈·布勒东。布勒东决心把毕加索拉到超现实主义的轨道上，并且直到 1944 年他还没有放弃这一尝试。也是在 1935 年左右，毕加索在拉法叶画廊前偶遇的 17 岁的少女玛丽－特蕾莎·瓦尔特（Marie-Thérèse Walter）进入了他的生活。从 1936 年开始保罗·艾吕雅是毕加索亲密的伙伴，这个关系一直持续到 1944 年毕加索加入共产党并且创作了《人和羊》与著名的《和平鸽》。在这一时期，他们目睹了法西斯对西班牙小镇格尔尼卡的狂轰滥炸。毕加索也对这一可怕的事件进行了艺术创作。同是共产党员的艾吕雅介绍毕加索认识了摄影家多拉·玛尔。之后，她成为毕加索的情人并且拍摄了格尔尼卡事件的各个阶段。第二次世界大战结束后由于布勒东是托派，与毕加索政见不同而分道扬镳。也就在这个当口，毕加索抛弃玛尔转而爱上了弗朗索瓦丝·吉洛。玛尔在毕加索离开她后开始创作和修改有关她和毕加索生活的诗歌。艾吕雅于 1953 年去世。1954 年毕加索开始举办著名的系列画展。首先是一套改编自德拉克洛瓦（Delacroix）《阿尔及尔女人》的作品，接着，在1957年，又改编了委拉斯开兹（Velázquez）的《宫娥》。

这是罗兰·彭罗斯（Roland Penrose）的时期。彭罗斯对1958年伦敦画展和毕加索与布鲁姆斯伯里团体的关系以及与文艺评论家克莱夫·贝尔的友谊有帮助。毕加索与贝尔的友谊从20世纪20年代就开始，一直持续到贝尔去世。稍后，毕加索的热情转移到了陶艺和法国小镇瓦洛里斯。在这里毕加索遇见了他未来的妻子杰奎琳·罗克（Jaqueline Roque）。毕加索的最后一个时期是20世纪60年代末期至70年代初。这一时期表现在充斥着"黑光画"的阿维尼翁画展中。也就是在此期间，安德烈·马尔罗记录了他对毕加索的采访。勒内·夏尔在为毕加索1970—1972作品展目录前言中首次使用了"地中海夏季风中的毕加索"这一用语。这篇前言于1973年5月15日由GLM（Guy Levis Mano）出版公司发行了单行版。地中海夏季风吹到了旺图山下，在这里毕加索和夏尔抗议在此修建核设施并合影留念。他们是这个时代的两巨人：画家和诗人。画家是自愿从西班牙流亡；诗人则从非诗歌的世俗世界流亡，如同俄里翁再次降临人世。

第二章　西班牙人毕加索

> 我就是流亡的西班牙……
>
> 毕加索对库托利夫妇（Cuttolis）如是说 [1]

巴勃罗·鲁伊斯·毕加索 1881 年 10 月 25 日出生于西班牙马拉加市。他是何塞·鲁伊斯·布拉斯科（José Ruiz Blasco）先生和玛利亚·毕加索·伊·洛佩斯（Maria Picasso y López）女士的长子。他的父亲就在这个城市的美术学校教绘画。毕加索有两个妹妹，罗拉（Lola）出生于 1884 年，康塞普西翁（Concepción）生于 1887 年，昵称孔奇塔（Conchita）。之后一家搬到沿海城市拉科鲁尼亚。父亲在那里教中学。1895 年当毕加索十三岁时，妹妹孔奇塔死于白喉。毕加索曾

---

[1] Françoise Gilot. *Life with Picasso* (New York, 1989), p. 199.

发誓如果妹妹能活下来,他就放弃绘画。[1] 如同西班牙哲学家米格尔·德·乌纳穆诺(Miguel de Unamuno)的经典著作《生命的悲剧意识》一样,生命的悲剧感即便是在与朋友欢聚和逗趣中也始终笼罩着毕加索。

尽管毕加索在法国生活了很久,从 1900 年和挚友卡萨吉玛斯去巴黎朝觐到他在巴黎成名,从他的早期朋友雅各布到洗衣船,直到他在穆然去世,无论身在何处,毕加索始终坚信他是一个西班牙人。"嘿,毕加索"从来就不是法国人。他作品上的签名一直是"毕加索,西班牙艺术家 – 画家"。有关毕加索的西班牙化和居无定所的"自我流放"有很多论述。像戈雅一样,毕加索先是定居巴黎,然后生活在法国南部,似乎总是在靠近西班牙的地方徘徊,希望有一天能回到祖国。他自己也总是拿自己与戈雅对照。

毕加索一到巴塞罗那就找到了喜欢经常光顾的地方。关于这一阶段,切萨雷奥·罗德里格斯 – 阿吉莱拉(Cesareo Rodriguez-Aguilera)在 1975 年出版的《毕加索立体主义全史》中就强调指出,我们能够立即辨认出来许多因素的聚合。与

---

[1] Jack Flame, *Matisse/Picasso: The Story of their Rivalry and Friendship* (New York, 2003), p. 4.

第二章 西班牙人毕加索

毕加索基本的西班牙意识共存的是四种基因的相互刺激:西班牙摩尔人、摩尔基督徒、罗马公民和高深莫测的伊比利亚人。如此多种因素在一定程度上可以解释毕加索的全球声誉:一位多种多样的具有无限风格的画家。

从来没有人质疑过毕加索的才华。毕加索年少时就在所有美术学院的考试中获胜。别人花费一个星期也不合格的功课他一天就能完美地完成。毕加索本人也从不怀疑自己的才华:"我是国王。"在拉科鲁尼亚艺术学校学习期间,毕加索在素描课、装饰课和写生课上都取得了第一名的成绩。他保存着所有漫画和石膏素描画本,上边的签字是 P. 鲁伊斯。后来他弃用父姓而改用母姓毕加索。有这样一个趣闻,他父亲将自己的画板、画笔和油彩交给了毕加索,声称毕加索比自己高明。毕加索没有反驳父亲的看法。

1895年毕加索去马德里时第一次看到了委拉斯开兹、苏巴朗(Zurbarán)和戈雅的作品。这些作品对毕加索影响颇深。也就是在那一年毕加索一家搬到了巴塞罗那的克里斯蒂娜街。毕加索的父亲在隆哈艺术学校教书。毕加索显然是在一天时间内考完了所有科目并被录取。1896年毕加索的作品《第一次圣餐》(1895—1896;巴塞罗那毕加索博物馆)在巴塞罗那的画展上展出。与他同时参展的还有他以后在

"四只猫咖啡馆"结识的朋友圣地亚哥·鲁伊西诺（Santiago Ruisiñol）、雷蒙·卡萨斯（Ramón Casas）和伊西德罗·诺内利（Isidro Nonell）。尽管是学院派的画风，但这个十五岁的孩子的画中有种令人震撼的东西——白色的圣餐袍与昏暗的环境形成了鲜明的对照。这位年轻的画家立刻受到了人们的瞩目。

这期间毕加索全神贯注为朋友和家人画像。第二年的6月，毕加索的第二幅学院派大型油画《科学与慈爱》（1897；巴塞罗那毕加索博物馆）在马德里参加了全国性的"大众美术展"，之后在马拉加参赛并赢得金奖。1900年2月毕加索在"四只猫咖啡馆"举办了第一次个人画展。朋友们给了这位年轻画家有力的支持。其中的一个就是里卡多·卡纳尔斯（Ricardo Canals）——他在法国的妻子，也是毕加索的朋友。在以后的年代里，特别是对毕加索来说，他在巴塞罗那与巴黎之间来往频繁。毕比索每次在巴黎和巴塞罗那的往返旅途中总要光顾"四只猫咖啡馆"，直到1904年他在巴黎定居。"四只猫咖啡馆"是毕加索的艺术之家。

"四只猫咖啡馆"位于天使之门区蒙奇欧街3号马丁大楼的一角，于1897年开业（全天供应饮食）。店名在加泰罗尼亚语中意为"少数人"，也是对四只猫的诠注。店名的起

第二章　西班牙人毕加索

源是由于佩雷·罗梅乌（Pere Romeu）、圣地亚哥·鲁伊西诺、雷蒙·卡萨斯和米格尔·乌特里略（Miguel Utrillo）热衷巴黎"黑猫夜总会"的缘故。乌特里略曾在"黑猫夜总会"表演过日本皮影戏。毕加索设计了两只铁皮猫挂在门外，一面漆成灰色，另一面漆成黑色，巧妙地被解释为"四只猫"。鲁伊西诺最早的广告上这样写道：

> 这是梦幻破灭的人们的一个好去处；这是一个想要有个家的人的充满温馨的角落；这是一座寻求灵魂启迪的人们的博物馆；这是一个喜爱蝴蝶影子和一串葡萄精华的人们的歇脚之处；这是一个喜爱北方的人们的哥特式啤酒屋和一座喜爱南方的人们的安达卢西亚式庭院；这是一个治愈本世纪痼疾的地方；给弯腰进入房门的人友谊与和谐的地方。[1]

"四只猫咖啡馆"是19世纪90年代现代主义的发祥地。现代主义是一个受到巴黎蒙马特区"世纪末颓废风潮"画家

---

[1] Marilyn McCully, *Els Quatre Gats: Art in Barcelona around 1900* (Princeton, NJ, 1978), p. 18.

影响的绘画运动。"世纪末颓废风潮"画家的代表人物有图卢兹－洛特雷克（Toulouse-Lautrec）、埃里克·萨蒂（Erik Satie）和那比派画家。毕加索总是回到这里看望他的朋友们。当你走进"四只猫咖啡馆"，左边墙上是雷蒙·卡萨斯骑自行车人的巨幅壁画，画中是他本人和咖啡馆创办人佩雷·罗梅乌。（有很多年自行车由汽车取代。2004年又变回到自行车。）1898年毕加索由曼努埃尔·帕拉雷斯（Manuel Pallarés）推荐而到了这间咖啡馆。毕加索与帕拉雷斯在拉罗尼亚相遇后成为好友，帕拉雷斯成为毕加索在巴塞罗那的向导。更重要的是帕拉雷斯来自埃布罗河奥尔塔的山村。19世纪90年代末期毕加索应帕拉雷斯的邀请来到这个山村，也就是在这里毕加索完成了他最初几幅立体主义作品。毕加索说："在帕拉雷斯的山村我学到了所有的知识。"[1]

在以后的年代里，毕加索经常回到巴塞罗那而每次都遵循同样的日程安排：上午11点来到画室，中午在"四只猫咖啡馆"和朋友一起进餐，与他们进行长谈，然后回到画室工作直到返回住处，在回来的路上还要光顾一些坐落在兰布拉大道上各种各样的咖啡馆，晚上他接着外出与朋友聚会。

---

[1] Patrick O'Brian, *Pablo Ruiz Picasso* (New York, 1976), p. 60.

第二章 西班牙人毕加索

1899年毕加索设计的"四只猫咖啡馆"印刷菜单。

他的朋友们都是先锋派人物,正好与右翼天主教社会团体针锋相对。这个团体最著名的代表人物是设计圣家族大教堂和奎尔公园的幻想家安东尼·高迪(Antoni Gaudí)。这正是天主教影响在欧洲复活的时期。怪异的法国作家乔里斯-卡尔·于斯曼(Joris-Karl Huysmans)的激进小说《逆流》描述了一个超级敏感的美学家、黑弥撒的描述者在1894年回到了教堂,然后献身于本尼迪克教团。在毕加索看来,天主教和激烈的反神职传统在长期争斗之后讲和了。

"四只猫咖啡馆"主菜单的封面上印刷的是毕加索在这

一时期最著名的作品。画中餐馆内部的加泰罗尼亚的哥特式格调，一个简化的平面轮廓立即吸引了人们的眼球。位于中央的顾客穿着优雅而肥大的小方格面料长裤，一小盆灌木放在顾客左下方裤子的高度，高顶礼帽、支撑着的左臂和靠在桌子上的手杖加上右手握着的啤酒杯说明这是一个"啤酒屋－咖啡馆－餐馆"，一种非常摩登和独特的风格。著名诗人鲁本·达里奥（Rubén Darío）1898年光顾了"四只猫咖啡馆"，他尤其对米格尔·乌特里略编导的皮影戏《浦泽尼尔－里斯》留下了深刻的印象（乌特里略的情人是法国画家苏珊娜·瓦拉东［Suzanne Valadon］。他经常光顾巴黎蒙马特区的"狡兔酒吧"，这也是毕加索最爱去的酒吧之一）。

第一个在"四只猫咖啡馆"举办个人画展的是毕加索最要好的西班牙朋友拉蒙·皮乔特（Ramón Pichot）。毕加索每次从巴黎回到巴塞罗那都吃住在他家里。毕加索个人画展一个月后，他的另一位朋友卡莱斯·卡萨吉玛斯也在"四只猫咖啡馆"举办了个人画展。"四只猫咖啡馆"是举办画展的理想场所。在大堂看完画展后可以看牵线木偶表演。戏台上挂着介绍饭菜和葡萄酒的牌子，上边还用加泰罗尼亚语写着：生活的秘诀是美食和欢笑。观众可以在欣赏和愉悦的状态中享受美食。厨师长的拿手菜是木板烤鳕鱼（比斯卡娅式

第二章 西班牙人毕加索

鳕鱼)和加泰罗尼亚式牛百叶。服务生身着黑色制服和白色围裙。客人在餐厅中的拱柱、拱门和墙上的现代派油画和素描环抱下进餐。

"四只猫咖啡馆"不仅是餐馆,也是先锋派刊物的发行人。刊名先是加泰罗尼亚语《四只猫》,从1899年到1903年改名为《羽毛笔》。《羽毛笔》1901年6月刊为毕加索出了专刊。之后加泰罗尼亚现代派刊物《青年》(1900—1906)也为毕加索出过专刊。1901年毕加索和朋友、作家弗朗西斯科·阿西斯·德·索莱尔(Francisco Asis de Soler)一起在马德里创办了《年轻的艺术》杂志。《年轻的艺术》以《羽毛笔》为样板,首刊包括一幅毕加索的素描画,有毕加索和索莱尔在马德里咖啡馆结交的文学沙龙里的艺术家和作家的作品,还有巴塞罗那朋友们的作品。杂志还刊登了"98一代"代表人物皮奥·巴罗哈(Pio Baroja)和米格尔·德·乌纳穆诺的文章。但是《年轻的艺术》发行时间很短,从3月开始到6月停刊。"四只猫咖啡馆"从1897年开业到1903年停业,因为1903年7月许多现代派画家去了巴黎。巴塞罗那时期对毕加索伤感期的影响显而易见。他特别记得鲁伊西诺和卡萨斯的绘画作品。毕加索在巴黎的得力助手是雅各布斯·萨巴尔蒂斯(Jacobus Sabartès)。他负责预约、日程安排、与画商见面,总的来说是负责毕加索的对外事务与安全。他也参加了"四只猫咖啡馆"后期的晚间文化沙龙活动。

1897年10月毕加索回到马德里,像在巴塞罗那的成功一样,在一天时间内就完成了圣·费尔南多皇家艺术学院的考试。在马德里期间,毕加索常去普拉多艺术博物馆,更加沉浸在西班牙传统之中。但是如果想见识当代艺术,就必须去巴黎。毕加索时常到巴黎的"瞻仰之旅"也印证了这一点。1900年10月,18岁的毕加索第一次来到巴黎。他租用了他的加泰罗尼亚好友伊西德罗·诺内利用过的画室,并立即开始融入这里的加泰罗尼亚群体中。这一群体的人物都来自巴塞罗那,包括帕科·杜里奥(Paco Durio,保罗·高更的朋友)、拉蒙·皮乔特、苏洛阿加(Zuloaga)、里卡多·卡纳尔斯和雕塑家莫诺罗·休格(Manolo Hugué)。毕加索现代派风格的彩色粉笔画《弥留之际》(1899—1900;毕加索博物馆,巴塞罗那)先后在巴黎世界博览会和巴黎大皇宫展出。这幅画之前于1899年春天在马拉加和1900年2月在"四只猫咖啡馆"展出过。尽管初出茅庐,毕加索已经受到画商和公众的关注。

在巴黎,毕加索结交了加泰罗尼亚人佩特鲁斯·马尼亚奇(Petrus Mañach)。马尼亚奇有一段时间曾是毕加索的经

第二章 西班牙人毕加索

销商。他为毕加索在伯莎·威尔画廊举办了个人画展。毕加索这时期也住在马尼亚奇在克里西大道130号的住所里。马尼亚奇介绍毕加索认识了安布鲁瓦兹·沃拉尔（Ambroise Vollard），后者成为毕加索个人画廊的老板和密友。通过沃拉尔，毕加索接触到了保罗·高更的作品。他的画风不但受到了高更的综合法风格的影响，也受到莫里斯·丹尼斯（Maurice Denis）和费利克斯·瓦洛东（Felix Vallotton）的影响。1900年12月毕加索回到巴塞罗那。他1901年和1902年春天两度去巴黎，每次滞留数月。

1901年底完成的《自画像》（毕加索博物馆，巴黎）中的毕加索有着厚厚的嘴唇和忧郁的眼睛。这一精神面貌不但贯穿在毕加索的"丑角时期"和早期作品中，如同他艺术和生活的种种经历一样，甚至在1972年被蹂躏般的《自画像》（富士电视画廊，私人收藏，东京）中的头颅的阴影和形状中也体现出来。或许毕加索的忧郁始于他妹妹孔奇塔之死。但这种忧郁由于他的加泰罗尼亚好友卡莱斯·卡萨吉玛斯1901年2月17日自杀而加剧。卡萨吉玛斯自杀前陪毕加索去了巴黎，但因为热尔梅娜·加加略（Germaine Gargallo）拒绝了他的求爱，在绝望中回到巴塞罗那。加加略是巴黎人和西班牙人混血儿，在卡萨吉玛斯自杀后成为毕加索的情人并且在与拉蒙·皮乔特结婚后还和毕加索保持这种关系。毕加索为了让卡萨吉玛斯情绪好转还带他去咖啡馆听深沉之歌，纯正的民间抒情歌曲，但也于事无补。卡萨吉玛斯又回到巴黎，在试图枪杀加加略未果后饮弹自尽。为了纪念卡萨吉玛斯，毕加索作了《卡萨吉玛斯之死》（毕加索博物馆，巴黎）一画，裹尸布上画上了金色条纹。自称是毕加索最亲密的朋友的阿波利奈尔记叙了毕加索对此画的评语："我在画中用蓝色调是因为我把卡萨吉玛斯挂在心上。"阿波利奈尔接着说："在一年时间里，毕加索都可怜巴巴地活在浸透了蓝色（忧伤）的油彩中，就像在万丈深渊的底部。"[1] 在之后的一幅毕加索和热尔梅娜·皮乔特（Germaine Pichot）的双人画像中，两人靠着一张桌子，脸部是阴冷的表情。毕加索1903年作品《生活》（格里夫兰艺术博物馆）的背景是一间画室，一个裸体女人依附在像是卡萨吉玛斯的裸体男人身上，面对着一个抱着小孩的妇女。最初这幅画中男人的面部是毕加索自己。毕加索作品的长处有一部分就是自始至终地来自与画中人物的自我认同。这幅画中就体现出内疚的色彩。1903年的作品《生活》是覆盖在《弥留之际》上画的。

---

[1]　毕加索档案馆永久展览注解。

第二章 西班牙人毕加索

《卡萨吉玛斯之死》，1901，木板油画。

杰克·弗拉姆（Jack Flam）是这样解释的，毕加索画出了灵床画面，"在一张画布上合并了对孔奇塔和卡萨吉玛斯之死的自责的内疚感"[1]。

毕加索的忧伤蔓延在"蓝色时期"中（1901年春到1903或1904年，巴黎）。毕加索与伊西德罗·诺内尔对巴塞罗那哥特区悲惨和痛苦的极端的现实主义观点不谋而合。饥

---

[1] Flam, *Matisse/Picasso*, p. 4.

饿的妓女和怀抱着婴儿的母亲,这一悲伤的景象在巴黎展现在毕加索眼前:一个盲人俯身在一只盘子上(《盲人的食物》,1903);一群贫民困难地爬上一张餐桌;1903年作于巴塞罗那的《老吉他手》(芝加哥艺术馆)双腿笨拙地摊放在吉他下,眼中充满了绝望。关于"蓝色时期",毕加索说:"我没有刻意去画有象征意义的东西,我只是画了展现在我面前的景象。"[1]

1902年10月与毕加索一道去巴黎的加泰罗尼亚同乡塞瓦斯蒂亚·朱涅特·比达尔(Sebastià Junyet Vidal)认为毕加索具有"最巨大的痛苦、最细微的梦想、最晦涩的歌曲和完整庄重的灵魂",这种"人物和事物的心理紧张"表现在他的作品中。[2]这是毕加索对与生俱来的高超技艺和才华的自我保护机制,也是毕加索的批评者例如菲利西恩·法格斯(Félicien Fagus)告诫的困境:"这种急躁症存在着可能把他引向一种肤浅的高超技艺,一种轻而易举的成功的危险。"[3]安德烈·比利(André Billy)在概括毕加索的性格特征及其神秘性和敏感性时说:"怨恨、创造力、嫉妒、忧郁、讽刺、

---

[1] Cowling, *Picasso*, p. 101.

[2] *Ibid.*, p. 111.

[3] O'Brian, *Pablo Ruiz Picasso*, p. 89.

第二章　西班牙人毕加索

《老吉他手》，1903年，帆布油画。

温和、善良、残酷、猥亵，除了纯真、质朴、真正的欢快以外毕加索具备以上所有的特性。"[1]

从毕加索在巴塞罗那第一次尝试雕塑创作的作品（《坐着的女人》，1899）到1903年雕塑《斗牛骑士的头》（毕加索

---

[1]　O'Brian, *Pablo Ruiz Picasso*, p. 94.

在1970年重新发掘这个主题并作了《断鼻梁的斗牛骑士》，里恩佐画廊），再到1928年与加泰罗尼亚雕塑家胡利奥·冈萨雷斯（Julio Gonzalez）重修旧好，并在冈萨雷斯的雕塑室度过了许多时光，一种不朽的人物造型塑造了毕加索今后的作品。毕加索的古典人物雕塑如同他的想象力一样经常是超大号的。他的一些灵感来自萨洛蒙·雷纳克（Salomon Reinach）的《古希腊和罗马雕塑解析》一书（《古代雕塑指南》）。[1] 他不但援用古希腊罗马的雕塑，也经常借鉴西班牙的古典雕塑。1903年，独眼鸨娘拉切莱斯蒂娜的肖像画（毕加索艺术馆，巴黎）中就能看到费尔南多·德·罗哈斯（Fernando de Rojas）的痕迹。毕加索最后一幅所谓"《圣经》寓言故事画"是在巴塞罗那圣胡安大街曾经与卡萨吉玛斯共用的画室里完成的。盲人的寓言伴随了毕加索一生，但毕加索的另一面是约翰·理查森认为的外强中干，尤其是那种目不转睛的无情凝视。

1902年，毕加索在与马尼亚奇的关系破裂后回到了他所钟爱的巴塞罗那，在兰布拉大街中段附近生活到1904年。他在巴塞罗那所做所见的一切中对他产生最大影响的是加

---

[1] Elizabeth Cowling, *Picasso: Style and Meaning* (London, 2002), p. 145.

第二章 西班牙人毕加索

泰罗尼亚艺术馆。从年轻时代起毕加索就多次在此流连,现在他更是经常来这里观看早期罗马风格壁画。许多画面给他留下了深刻的印象,其中有12世纪的壁画《处女和圣约翰福音传教士》,特别是《垂死的公牛》和《十字架苦像》。斗牛场中的异教徒牺牲和基督牺牲的场景引起了毕加索的共鸣。[1] 斗牛场中直射下来的阳光、残酷的密特拉教仪式在他1937年的经典和令人恐惧的《格尔尼卡》(普拉多艺术博物馆,马德里)中通过耀眼的光线、灯泡和公牛体现出来。整个西班牙传统沉重地压在毕加索的心灵和作品上。[2]

很显然,毕加索最推崇的三位西班牙画家是戈雅、委拉斯开兹和埃尔·格列柯(El Greco)。罗伯特·罗森布鲁姆(Robert Rosenblum)在他的文章中写道,不单单是"毕加索静物油画中具有西班牙风格"[3],他的所有作品都与西班牙文化密切相关。罗森布鲁姆指出,从1897年10月到1898年6月毕加索在马德里艺术学院这段时间里,他和他的朋友就待在普拉多艺术馆里,一天八小时,研习和临摹,然后每天

---

[1] 参见 Jonathan Brown, ed., *Picasso and the Spanish Tradition* (New Haven, CT, 1996)。

[2] *Idid.*, pp. 61-94.

[3] *Ibid.*, p. 61.

晚上用三个小时在马德里美术宫大楼里画裸体模特。[1]

对以毕加索的《阿维尼翁的少女》为代表的作品有巨大影响的埃尔·格列柯的风格主义直到20世纪初叶才在西班牙为评论界和公众接受。委拉斯开兹更容易让人接受，他和格列柯从19世纪90年代开始越来越被西班牙文化所崇敬。当然戈雅一直受到这种文化的崇拜。米格尔·乌特里略称毕加索是"小戈雅"，时而脾气暴躁的毕加索也满意地接受了这一称号。毕加索本人从未怀疑过自己的西班牙之心。毕加索把自己与立体主义等同。他说："立体主义源于西班牙，我发明了立体主义。"这三位大师处于古典主义边缘的空白处，在向反古典主义方向发展。很明显毕加索不但研究了《埃尔·格列柯启示录》（原名《打开第七封印》），而且在创作《格尔尼卡》时还研究过戈雅有关斗牛的作品。

罗森布鲁姆认为由于民族主义复活，在全球化的欺骗后，毕加索在最近数十年来越来越被人们认为明显具备西班牙特性，而不是一个法国或国际化的艺术家。罗森布鲁姆说明了原因：

---

[1] Jonathan Brown, ed., *Picasso and the Spanish Tradition*, p. 62

第二章 西班牙人毕加索

西班牙最神圣的三位一体大师埃尔·格列柯、委拉斯开兹和戈雅始终萦绕着毕加索的人物创作，无论是他对待加泰罗尼亚好友卡莱斯·卡萨吉玛斯自杀还是巴塞罗那红灯区妓院的幻觉，也不论是描绘巴斯克首府大轰炸的《格尔尼卡》还是纳粹集中营中的尸体照片。[1]

特别是西班牙静物画传统，从桑切斯·科潘（Sánchez Copán）到路易斯·梅伦德斯（Luis Meléndez），每件作品都突出"冷酷的个性"，而不是刻意去安排画面的层次，与以夏尔丹（Chardin）和乔治·布拉克为代表的法国和谐格调静物画相反。胡安·格里斯则与苏巴郎的"幽暗色彩和有意识的苦行"有关。收藏于加泰罗尼亚国家艺术馆的12世纪无名氏壁画《圣约翰福音传教士》和《处女和圣约翰》影响了毕加索的《两姐妹》。加泰罗尼亚传统文化渊源下的地中海人也随处可见：皮维·德·夏凡纳（Puvis de Chavannes）的反现代主义文化运动，雷诺阿、塞尚、马约尔（Maillol），还有在巴黎的巴洛克式加泰罗尼亚作家欧金尼·迪奥尔斯（Eugeni d'Ors）。

---

[1] Jonathan Brown, ed., *Picasso and the Spanish Tradition*, p. 62.

毕加索的西班牙化的另一个特征是"色彩的极端"运用：从画板上灰、棕和黑的忧郁色调到具有西班牙特征的黄、红色调的明亮节日色彩。与中世纪加泰罗尼亚壁画一样，雷塞斗牛场和近旁的尼姆罗马竞技场在毕加索的作品里留下了痕迹——粗线条、强烈的色彩、令人难忘激动人心的力量。坐落在山丘上俯瞰巴塞罗那的加泰罗尼亚国家艺术博物馆似乎容纳着西班牙传统的精髓。2004年3月悲惨的马德里火车站恐怖炸弹事件后，很自然地，也正是在这里，一群年轻的音乐家为遇难者举办了追思音乐会。在巴塞罗那主广场上，人们为他们点起了长明灯，鼓声长鸣，象征着吊唁的人们心脏跳动的巨大声音。毕加索强烈情感中的悲剧力量和令人抽搐的美感，远远超过一切，在深层是西班牙式的，在根本上是加泰罗尼亚式的。他的身份是西班牙人。

第三章 巴黎：洗衣船

你处在世纪之门，开启这扇大门的钥匙就在你手中。

维森特·维多夫罗（Vicente Huidobro）致毕加索[1]

1904—1905年是毕加索的"玫瑰时期"。粉红色调不但是毕加索这一时期作品的标志，而且也是从"蓝色时期"悲伤主义的转变。梅耶·夏皮罗（Meyer Schapiro）指出，毕加索"蓝色时期"的作品人物纠缠着性格内向、中世纪风格、无家可归和贫困潦倒。这些人物的姿态是自我压抑和自我限制。他们用失明、血红眼睛或是眼睛低垂闭合来逃避现实世界。画中的人物是在聆听而不是在直视这个零落的现实。[2]

---

[1] Jack Flam, *Matisse/Picasso: The Story of their Rivalry and Friendship* (New York, 2002), p. 1.

[2] Meyer Schapiro, *The Unity of Picasso's Art* (New York, 2000), p. 10.

毕加索"玫瑰时期"的作品往往涉及马戏团和小丑，也有杂技演员和江湖艺人。1905年2月25日至3月6日毕加索第一批"玫瑰时期"作品在位于奥斯曼林荫大道的"锁匠画廊"展出。这条路由于马塞尔·普鲁斯特（Marcel Proust）长期居住过而闻名于世。展出的作品中有题名《江湖艺人》的八幅系列作品。确切地说画展时间不算长（同时展出的还有比我们主人公在当代知名度小的艾伯特·特拉赫塞尔［Albert Trachsel］和奥古斯特·热拉尔丹［Auguste Gérardin］的作品），但具有一定的影响。当时的知名人物查尔斯·莫里斯（Charles Morice）为画展目录写了前言。毕加索终生的精神伴侣，受人们爱戴的立体主义诗人和评论家纪尧姆·阿波利奈尔在4月刊《非道德主义述评》和5月刊《羽毛笔》上就画展撰写了评论。后来毕加索再次画了展品中的五幅。

毕加索的画商沃拉尔为画展的成功感到高兴。他把《小丑》做成铜像，将《江湖艺人》系列制作成铜版雕刻和蚀刻画。另一个画商萨戈（Sagot）介绍毕加索认识了里奥·斯坦和格特鲁德·斯坦兄妹。从此便有了毕加索与兄妹二人的著名故事——斯坦兄妹开始收购毕加索的作品、毕加索和格特鲁德的密切交往，以及1906年开始创作的格特鲁德画像。1906年也是毕加索玫瑰色调逐渐转变为其他色调的一年。也

第三章 巴黎：洗衣船

是在这一年格特鲁德介绍毕加索认识了比他年长的亨利·马蒂斯。马蒂斯又介绍毕加索结识了安德烈·德朗（Andrè Derain）。

毕加索与其他几位画家在这一期间的友谊也同样重要。他们的友谊都是从"洗衣船"开始的，或许是因为奇怪的样式被称为"洗衣船"。一次毕加索与朋友走过街边这座破旧不堪的房子时，这位朋友回忆当时毕加索欢声喊道："这是唯一让我感觉到幸福的地方！"[1] 现在我重新考证毕加索早期巴黎洗衣船之前和期间的生活经历，似乎这个地方的重要性体现在他与诗人马克斯·雅各布的关系上。当然这些朋友包括性格外向欢快的纪尧姆·阿波利奈尔、不太外露的安德烈·萨尔蒙，还有费尔南德·奥利维耶。但是我要从马克斯开始。"与马克斯相处没有人觉得乏味。"[2]

1898年至1900年，雅各布是《艺术箴言报》的艺术评论家，笔名利昂·大卫（Leon David）。当他与毕加索在加泰罗尼亚人佩特鲁斯·马尼亚奇在沃拉尔的画廊组织举办的画展上相遇时，毕加索只有十八岁，一句法语也不会说。马克

---

[1] Patrick O'Brian, *Pablo Ruiz Picasso* (New York, 1976), p. 175.

[2] *Ibid.*, p. 130

诗人和画家马克斯·雅各布,1936。

斯也是一句西班牙语或加泰罗尼亚语都不会说。帕特里克·奥布莱恩(Patrick O'Brian)对沃拉尔和他的画廊的描述生动有趣。首先,

> 它看上去不像是个画廊……画板面向着墙,房间的一角散乱地堆放着大大小小的画。屋子正中站着一个忧郁的黑脸大汉。这还是沃拉尔高兴时的样子。当他真不

第三章 巴黎：洗衣船

高兴的时候，他会把巨大的身躯贴在冲着街道的玻璃门上，双手支撑在门框的左右上角，阴沉着脸看着街上。没有人敢进来。[1]

这是毕加索未来画展的最佳场所。

1900年12月毕加索与倒霉的卡萨吉玛斯一起回到巴塞罗那，但他却迫不及待想重返巴黎。1901年春天毕加索如愿以偿。在克里希大道130号安顿下来后，毕加索立即狂热地开始作画。他和马克斯·雅各布天天见面。每天雅各布嘴里不是哼哼着贝多芬和其他喜爱的作曲家的乐曲就是用优雅的声音大声朗读诗歌。对于毕加索来说这是一个难得的在巴黎经历的开端，马克斯太了解巴黎了。马克斯在回忆录中这样描述这个时期："我们两个都是迷路的孩子。"[2]

1902年1月毕加索再次回到巴塞罗那。从这里毕加索用他那难以模仿的字体和法文写信给他亲爱的朋友，表达了更加温馨的情感："差不多吧，亲爱的马克斯。很长时间没有给你写信了。不是因为我忘记了你，而是因为有许多事情要

---

[1] Patrick O'Brian, *Pablo Ruiz Picasso* (New York, 1976), p. 97.

[2] Emmanuelle Chevrière and Hélène Seckel, eds, *Max Jacob et Picasso*, exh. cat., Musée Picasso (Paris, 1994), p. 199.

做，这就是为什么我没给你写信。"[1] 谁能抵御毕加索的感情呢？

　　毕加索于 1902 年 10 月回到巴黎，先住在商博良酒店，之后与雕塑家西斯克特（Sisket）在摩洛哥酒店合住。西斯克特把石膏扔得满地都是。毕加索被这种凌乱的环境和在这种环境卖不出作品搞得灰心丧气。一次一个叫贝尔特·韦尔（Berthe Weill）的画商对毕加索说他不会在下水道里买画。最终马克斯把毕加索接到了自己的住处并在他的回忆录《时代英雄纪事》中记录了这一情形。[2] 这就是 1903 年的毕加索，住在马克斯在伏尔泰大道 150 号五层楼上，晚上彻夜作画，白天睡在马克斯的床上；马克斯白天则在伏尔泰大道 137 号一家叫"巴黎－法国"的商店里打工。两人身无分文，但两人坚持下来的主要原因可以从阿尔弗雷德·德·维尼（Alfred de Vigny）所著《摩西》（1882）中的宏伟的章节中找到踪迹。书中的摩西为自己的力量带来的孤独感到悲痛，并对上帝发泄了极度的忧伤：

---

[1] Emmanuelle Chevrière and Hélène Seckel, eds, *Max Jacob et Picasso*, exh. cat., Musée Picasso (Paris, 1994), p. 13.

[2] *Ibid.*, p. 18.

第三章　巴黎：洗衣船

> 你让我在这个时代如此强大和孤独——
> 让我在世间的睡梦中长眠！[1]

让我在世间的睡梦中长眠……毕加索和马克斯两人都有自杀的念头，也同样感到了人们对他们的失望。毕加索在1903年5月1日从巴塞罗那写给马克斯的信中就表示他还不错，但很少见人，因为他们都并不友善。

> 我还好，不经常见人。人们都不善良而且愚蠢。我不喜欢他们。经常给我写信，好吗？再会我的老朋友马克斯。致以拥抱。你的兄弟毕加索。[2]

马克斯的情绪在这段时间也不太好。尽管他是同性恋，但他爱上（这也许是他一生中唯一一次爱上一个女人）了塞西尔·阿克（Cecile Acker）。阿克的丈夫与马克斯同在一家商店工作。马克斯这样记叙道："一生中唯一的激情。"[3] 这

---

[1] Morris Bishop, ed., *A Survey of French Literature* (New York, 1965), vol. II, p. 33.

[2] Chevrière and Seckel, *Max Jacob et Picasso*, p. 16.

[3] *Ibid.*, p. 18.

种令人沮丧的激情表现在他的小说《圣·马托内尔》中，书中莱奥妮小姐是维克多·马托内尔的情人。

他们的境况并没有改善。马克斯穷得只好搬到巴贝大道33号与兄长雅克同住，自己的书都卖掉换钱用。但马克斯的内心充实。他在给毕加索的信中写道："我心中最亲密的朋友，要知道我有床具：两床棉被、四只枕头和两张床垫。你可以来一起住。"[1]安德烈·萨尔蒙后来指出，当毕加索在"洗衣船"安顿下来，并且很乐意回报马克斯的盛情邀请让他来一起住时，马克斯懂得"他亲爱的毕加索的好意会更加重自己的心理负担。他知道他会因毕加索无止境的创造力而无所作为。"[2]

马克斯对毕加索的爱在他所做的和尝试做的事中无处不见。毕加索刮掉了自己的八字胡，马克斯也刮掉了自己的八字胡。"我作诗是因为毕加索认为我具有才智，而且我相信毕加索胜过相信自己。"[3]阿波利奈尔对毕加索有着与马克斯相同的看法："即便他说不了几句法语，但他可以随即评价一首诗是否优美……毕加索笑了，他的笑是我们的

---

[1] Chevrière and Seckel, *Max Jacob et Picasso*, p. 23.

[2] André Salmon, *Souvenirs sans fin* (Paris, 1955), p. 510.

[3] Chevrière and Seckel, *Max Jacob et Picasso*, p. 11.

第三章　巴黎：洗衣船

目标。"[1]

马克斯回忆有一次毕加索凌晨两点在"洗衣船"过道中"冲着屋子里的马克斯喊道：'马克斯你在干什么？''我在按照我的风格工作。'毕加索回答道：'根本就没有什么风格！'然后就走开了。"[2] 毕加索会常常说："我可能是个没有风格的画家……我变化得太多太频繁。你看到我是这样的，但我已经改变了，我已经到了其他的地方。我从不待在一个地方。这就是我没有风格的原因。"[3]

马克斯和毕加索不但互相为对方作诗，他们还在一起作画，两人甚至共用一个笔记本。一次毕加索到阿姆斯特丹北边的舒尔去，旅费是马克斯从酒店前台借的。他还给了毕加索一本自己写过东西的小笔记本，毕加索在这个小笔记本上画画。他们之前使用一张床，现在共用一个笔记本，还同戴一顶高顶礼帽。马克斯与一个记者有一次决斗，但有趣的只是决斗之后的传说。毕加索借给马克斯这顶高顶礼帽去决斗。但当马克斯摘下帽子后看到礼帽底部是显而易见的"毕加索"名字。这肯定是马克斯总体上对毕加索的感觉：毕加

---

[1] Chevrière and Seckel, *Max Jacob et Picasso*, p. 15.

[2] *Ibid.*, p. 15.

[3] *Ibid.*, p. 202.

索是显而易见的。

在"洗衣船"任何东西都由毕加索的兄弟们分享。这些兄弟是创造者：作家和画家，而且每个人都很穷。实际上这群人只有四个人：诗人和画家马克斯，作家和大烟鬼、身边经常围着一群人的安德烈·萨尔蒙，还有诗人、立体主义的倡导者、伟大的纪尧姆·阿波利奈尔。另两位伟大的立体主义诗人皮埃尔·勒韦迪和胡安·格里斯之后才来到"洗衣船"。毕加索和马克斯都记得两人第一次见面的情景：因为都不会对方的语言，两人整夜都在用手势进行交流。他们两人都记得在圣·拉扎尔火车站附近一个名叫奥斯汀之狐的酒吧第一次见到阿波利奈尔的情景。马克斯·雅各布记得阿波利奈尔"拿着许多本小书……阿波利奈尔伸出了他的手。从那一刻起三人的友谊就开始了，直到阿波利奈尔去世"。[1] 他们晚上"围着一张覆盖着报纸的桌子狼吞虎咽吃着面包和沙丁鱼，几个人共用一块餐巾。工作室里散发着松节油的味道。《阿维尼翁的少女》占据了主要位置，油画或者挂在或者靠在墙上"。[2]

---

[1] O'Brian, *Pablo Ruiz Picasso*, p. 177.

[2] Chevriève and Seckel, *Max Jacob et Picasso*, p. 140.

第三章　巴黎：洗衣船

此刻，未来的世界名画《妓院》正在孕育中（《妓院中的医学院学生、水手和五个裸体人物》，《阿维尼翁的少女》创作研究，1907，现存于巴塞尔公共艺术博物馆）。这幅画造成的冲击从未减弱，也不会消失。现在我们似乎会感到诧异，当时斯坦兄妹为什么没有立即买下这幅作品，尤其是像格特鲁德这样一个一直酷爱毕加索作品的人。1907年斯坦兄妹不但在洗衣船给毕加索租下了另一间画室，给他提供了更大的作画空间，而且还预支给毕加索款项，买下他的作品。尽管这幅画非常引人入胜，但画面上的一些东西使他们与这幅巨作失之交臂。吉勒特·伯吉斯（Gelett Burgess）记得他被带到画室后所看到的情景，"怪异巨大的女人，像阿拉斯加图腾柱上的人物，辟出的立体图形，残酷的色彩。令人恐惧、震惊！"[1]

总之，正如约翰·理查森指出的那样，马克斯·雅各布从1901年就钟情于毕加索，而且矢志不渝。毕加索不可能回报以马克斯那种"过热的感情，但毕加索用自己那种同类相残的方式活了过来"。[2] 马克斯这样记叙道：那些年"我

---

[1] Brenda Wineapple, *Sister Brother: Gertrude and Leo Stein* (New York, 1996), p. 273.

[2] John Richardson, *A Life of Picasso* (London, 1996), vol. II, p. 4.

们的日子不好过。最奇妙的是我们都一样设法活了下来"。[1]他们中午都在毕加索的画室吃午餐,即便是毕加索处于安德烈·萨尔蒙称之为"悲伤世界"时也是如此。毕加索在以后对埃莱娜·帕姆兰(Hélène Parmelin)回忆说:"我们没有其他要紧事,只是干我们的工作……我们不见其他人,就是大家在一起:阿波利奈尔,马克斯·雅各布,萨尔蒙……想想看,就像一群贵族一样!"[2]确实如此。马克斯贫穷但具有爱心;安德烈·萨尔蒙是个瘾君子但很睿智;阿波利奈尔就是阿波利奈尔,毕加索就是毕加索。他们不是那么迥然不同,他们是立体主义诗人或立体主义画家。阿波利奈尔色情诗词《一万一千个阴茎》的颠覆性就与毕加索《阿维尼翁的少女》所表现的野蛮极其相似。[3]

1904年毕加索第一次遇见了也住在洗衣船的美丽的费尔南德·奥利维耶。毕加索在地下室拦住了去打水的费尔南德的去路,然后伸出手把手里的一只猫递给了她,这样她便不能擦身而过。这是一个完美的挑逗,也在意料之中。之后两人的关系便发展起来。当然从长远的角度,就像我们通过回

---

[1] Chevrière and Seckel, *Max Jacob et Picasso*, p. 140.

[2] Richardson, *A Life of Picasso* (London, 1996), vol. II, p. 3.

[3] *Ibid.*, vol. II, p. 4.

第三章 巴黎：洗衣船

顾过去所认识到的,费尔南德不过是一个艺术的牺牲品,"就像他生活中的所有的女人最终都是牺牲品一样"。[1]

毕加索的门上总是贴着一张条子,上边写着"诗人聚会处"。诗人也"应邀"而来。他们是马克斯·雅各布、阿波利奈尔、萨尔蒙,还有后来的皮埃尔·勒韦迪。事实上之后画家安德烈·德朗和乔治·布拉克逐渐疏远了马蒂斯而与毕加索接近。毕加索通过格特鲁德·斯坦结识了马蒂斯并为之震惊。事实上他是被在"独立画廊"展出的马蒂斯的《生活的欢乐》所折服的(1905—1906;巴尔恩斯基金会,林肯大学,梅里昂,宾夕法尼亚州)。从此,对马蒂斯令人难以置信的创造力的强烈反应成为毕加索创作的最主要的组成部分。毕加索"玫瑰时期"的作品《小丑之死》(1906;国家艺术画廊,华盛顿,哥伦比亚特区)与之前的《卡萨吉玛斯之死》不寻常地相像,而且与马蒂斯的《生活的快乐》的气氛完全相反。这也预示了罗森布鲁姆和其他人所言"毕加索晚期作品的道义和悲剧本质"。[2]

尽管如此,马蒂斯作品中形象的自由度和"野蛮影响"

---

[1] Richardson, *A Life of Picasso* (London, 1996), vol. II, p. 3.

[2] Brown, *Picasso and the Spanish Tradition*.

对毕加索的发展起到了极其重要的作用。杰克·弗拉姆和其他研究者令人信服地指出，每当马蒂斯创作出像《生活的快乐》一样非凡的作品，毕加索就会用自己的作品对此做出反应，就像后来在1946年创作的《生活的乐趣》一样（毕加索博物馆，昂蒂布）。毕加索会吸收这种想象力的飞跃并在此基础上发展，这种发展往往是相反的情形。这是一种工作关系，我们可以理解为是一个相互庆祝的模式而不是相互模仿。正如弗拉姆认为的那样，两者的差异与反应一样的强烈。马蒂斯日间作画，而毕加索晚间创作，因此两者是逆向的。

然而，那幅有关欢乐和遗弃的作品的细节对我们的故事具有持久的魅力。1906年早些时候，在前往他租赁的新画室创作《生活的欢乐》的路上，马蒂斯走过雷恩大街，一家商店的橱窗里展出了非洲雕塑。1906年3月德朗从巴黎给马蒂斯寄来一些从大英博物馆临摹的非洲和大洋洲艺术品的作品。同年夏天马蒂斯完成了受非洲文化影响的雕塑《站立的裸体》。"与从肌肉组织为起点，然后开始对物体进行描述的欧洲雕塑比较，非洲雕塑根据的是材料、虚构的平面和人体比例。"[1]

---

[1]　Flam, *Matisse/Picasso*, p. 32.

第三章 巴黎:洗衣船

马蒂斯购买了一些刚果雕刻作品拿给格特鲁德·斯坦看,毕加索刚好也在场。"毕加索这时才开始了解非洲雕塑。"1907年马蒂斯的油画《蓝色裸体》(1907;巴尔的摩艺术博物馆)在"独立沙龙"展出。弗拉姆评价这幅画是"挑战性的丑陋"和有意的笨拙,显然受到非洲艺术中的"原始的强度和暴力"的影响。这幅画同样对毕加索产生了强大的影响。[1] 1907年春天毕加索参观了特罗卡德罗人种博物馆,并为展出的非洲面具所征服。他认为这些面具是神奇的东西。

> 非洲人物雕塑是代祷者。我从此学会了这个法语词。反对一切;反对未知;威胁性的灵魂。我注视着这些神物。我懂了:我也是反对一切的……如果我们给灵魂假以形态,我们便从灵魂中独立出来……《阿维尼翁的少女》的灵感就是在那天萌发的……因为这是我第一张驱魔画——是的,绝对是如此![2]

《阿维尼翁的少女》就挂在毕加索画室的墙上。他的朋

---

[1] Flam, *Matisse/Picasso*, pp.35-6.

[2] *Ibid*., p. 34.

友就在画前用午餐。这个情景就是那时被称为"哲学妓院"的多种变形。"洗衣船"里高朋满座,毕加索就生活在众多朋友中间。此时,这个集聚会、居住、工作为一体的地方形成了一个庞大的"沙发"。寓言式的"诗人聚集处"很快成了"画家聚集处"。毕加索在这里居住的时候,除了马克斯·雅各布和安德烈·萨尔蒙之外,还聚集着凯斯·凡·东根(Kees Van Dongen)、莫里斯·弗拉芒克(Maurice Vlaminck)、乔治·布拉克、胡安·格里斯、阿马德奥·莫迪利亚尼(Amadeo Modigliani),还有安德烈·德朗。德朗预见到了非洲艺术对毕加索的吸引力。这也是马克斯·雅各布嫉妒德朗的主要原因。马克斯一直对德朗与毕加索的关系有几分嫉妒,尤其是在两人的关系变得紧密起来之后。是德朗敦促毕加索去参观"人种博物馆",使毕加索决定性地接触到了非洲艺术。也正是这次机会使毕加索得到了"启示",并且认识到非洲艺术不单单是有关艺术,而且具有驱魔的内涵。毕加索与德朗关系的一个有趣的小插曲就是爱丽丝·格里(Alice Gery)。爱丽丝·格里是毕加索的情人,后来与德朗结婚。是毕加索安排格里在一次午餐中认识了德朗。(尽管毕加索不能与"鸽娘"拉切莱斯蒂娜相提并论,但他热衷于为他人做主,包括婚姻。)在以后的年代里,甚至在他与布拉克形成紧密的工作关系后，毕加索仍然把布拉克看成德朗。毕加索欣赏布拉克的折中主义，或许是在布拉克身上找到了自己的折中主义。最终毕加索买下了德朗的《围披肩的女孩》，作为毕加索个人收藏在毕加索博物馆展出。[1] 一个离奇而令人诧异的插曲是阿波利奈尔最终不知道由于什么原因宣称德朗创立了立体主义画派。这一断言不但怪诞而且与事实不符。它伤害了真正的创始人毕加索和他的朋友乔治·布拉克。

收藏家里奥·斯坦和格特鲁德·斯坦是布兰达·瓦恩阿普尔（Brenda Wineapple）重要著作《兄妹》的主人公。格特鲁德是著名作家和女同性恋先驱人物。她在哈佛大学学习医学，之后去法国与兄长一起生活。瓦恩阿普尔记录了兄妹两人初到巴黎的情形，包括雅克-埃米尔·布兰奇（Jacques-Emile Blanche）喋喋不休的有关这兄妹二人的八卦。流言蜚语来自舞蹈家伊莎多拉（Isadora）的兄弟雷蒙德·邓肯（Raymond Duncan）。

这两个来自奥地利的移民先是收集日用铜器，卖出

---

[1] O'Brian, *Pablo Ruiz Picasso*, p. 90.

之后再收藏东西以高价卖出。购买收藏迎合人们喜好的物品是犹太民族推销天才的品质……实际上，艺术品成了银行家的证券。[1]

兄妹最终分道扬镳。格特鲁德的情人爱丽丝·B.托克拉斯（Alice B. Toklas）取代里奥住进了斯坦家族在巴黎花街（弗勒吕斯街）的宅邸。欧内斯特·海明威和其他作家也经常到此欣赏艺术品。在里奥和格特鲁德闹翻之前几年里他们买下了毕加索的一些作品。格特鲁德买了《拿扇子的女孩》（1905；国家艺术画廊，华盛顿，哥伦比亚特区）、《提花篮的女孩》，里奥买了《杂技之家和一只猴子（类人猿）》（1905；哥德堡艺术博物馆）。后来他们还买下了《三个女人》（1908；冬宫，圣彼得堡），这幅《阿维尼翁的少女》的后续作品至少是作为体贴萨拉·斯坦和迈克尔·斯坦的精神补偿和对马蒂斯的《校长》系列作品的呼应之作。[2]

格特鲁德的法语很糟糕，与人交流比较困难。毕加索的法语也不怎么样。但很明显两人对对方都有吸引力。她坐在

---

[1] Winepple, *Sister and Brother*, p. 243-4.
[2] O'Brian, *Pablo Ruiz Picasso*, p. 8.

第三章　巴黎：洗衣船

格特鲁德·斯坦（致格特鲁德），1906，帆布油画。

"洗衣船"画室一把要散架的圈椅上；毕加索则坐在靠近画板的一把厨房椅上端详她。在调整坐姿80多次后，毕加索从画布上抹掉了她的面部，说他看不见她的脸。最后毕加索在空白处画上了一副我们今天看到的有着深重信念的脸。

这幅1906年著名的画像经常被用来与存于卢浮宫的安格尔（Ingre）的《路易-弗朗索瓦·贝尔坦》相提并论。画中一个"笨拙、不拘礼节并且具有挑衅性"的魁梧汉子直面观众。[1]

---

[1]　O'Brian, *Pablo Ruiz Picasso*, p. 155.

斯坦认识到毕加索画法的智慧:"我一直对我的肖像画很满意;对我来说,那就是我自己,是一贯的我的唯一复制品。"[1]

斯坦兄妹偶尔也搞一些自创风格的画展开幕酒会,以此来嘲弄体制化的酒会和开幕式。毕加索对斯坦兄妹的酒会特别有些恼火也是合乎情理的。因为斯坦兄妹特意把两幅毕加索作品上了光。格特鲁德·斯坦坚信她比任何人都理解毕加索的作品,对此她有很多记叙。她的一些想法以笔记的形式记录下来。例如下面这段笔记。笔记一开始,她就把自己的作品与她那个时代两个最伟大画家的创作混为一谈,放在一个令人发笑的聚合点上:

> 马蒂斯、毕加索和我不是靠我们的智慧和性格来做事情,我们有足够的智慧和性格来应对我们的工作。我们工作的主动性来自我们那种不可控制和创造的动力。
>
> 毕加索的直觉很正确。他不愿意放慢速度,而是集中自己的注意力。[2]

---

[1] Gertrude Stein, *Picasso* (New York, 1984), p. 14.
[2] *Ibid.*, p. 96.

第三章 巴黎：洗衣船

毕加索和马蒂斯有一种属于天才的雄性特征。或许我也如此。[1]

在她 1938 年的作品《毕加索》的第三部分中，格特鲁德对乔治·布拉克做出了特别有刺激性的断言。她收藏毕加索的作品，但不收藏布拉克的。很有可能是因为这种非常古怪而狭隘的观点：

> 19 世纪只存在法国画家在法国完成的绘画作品。除此而外绘画就不存在。20 世纪的绘画是由在法国的西班牙人主宰。世界为毕加索做好了准备。他不但是全部西班牙绘画，而且是存在于西班牙日常生活中的立体主义。[2]

这种稀奇古怪的观点很明显是她基于个人喜好的一种偏见，但也并不是完全没有根据的。她认为毕加索在 1904 年"再次被法国所诱惑"。他在与阿波利奈尔、马克斯·雅各布

---

[1] Gertrude Stein, *Picasso* (New York, 1984), p. 97.

[2] *Ibid.*, p. 4.

和安德烈·萨尔蒙频繁接触中忘记了西班牙的悲痛。"毕加索生活在所能看到的快乐之中——法国式感伤情调的快乐。"她说,特别是毕加索生活在他的朋友们的诗情画意之中。[1]

毕加索每周一次去观赏迈德拉诺马戏团的表演。这必定与他主观拒绝接受法国温柔诗歌,而欣赏马戏团生活和人物的刺激有关。[2] "小丑阶段之后,作为西班牙人,他那种激情重新在心中复活,就如同我是一个美国人一样。在某种程度上美国和西班牙有相同之处。或许就是因为以上原因,他希望我为画像摆姿势。"最后她总结道:

> 20世纪具有它独特的光辉,毕加索就是20世纪。毕加索具备这种奇异的特质。这种特质就像人们从未见到过的世界和从未被毁灭过的东西。所以毕加索具备这种光辉。没错。谢谢。[3]

我喜欢这个"没错"。斯坦往往处于"没错"的状态中。令人感兴趣并值得关注的是毕加索之后所作的《致格特鲁德》

---

[1] Gertrude Stein, *Picasso* (New York, 1984), p. 27.
[2] *Ibid.*, p. 13.
[3] *Ibid.*, p. 76.

(1909；个人收藏）初衷是置于天花板从下往上观看，应该是暗含着欢快和向上的含义。

这是一个快乐常在的年代。位于蒙马特区弗雷德里特的"狡兔酒吧"开张了。从开张第一天开始，毕加索的快乐团队会常常光顾这里聆听哈里·包尔（Harry Baur）和迪兰（Dullin）朗诵龙沙（Ronsard）和维庸（Villon）的诗歌，或是倾听弗朗西斯·卡尔科（Francis Carco）演唱的咖啡馆轻歌曲。酒吧的墙上悬挂着莫里斯·乌特里略和他母亲苏珊·瓦拉东的油画。毕加索的《狡兔酒吧》(1905；个人收藏）也挂在这里。画中的红黄主色调被历史学家用来与图卢兹-劳特列克的作品相比拟。画中的毕加索装扮成一个小丑，热尔梅娜·皮乔特和弗雷迪（Frédé）坐在木桶上弹着吉他……还有一只驯养的鸟。

随着他漫长人生时光的流逝，毕加索越来越善于伪装。但早年与马克斯在一起的不寻常的日子里，毕加索从不伪装而且厚道。在回忆他与毕加索的关系和谈及毕加索的时候，马克斯感觉到犹豫再三难以启齿。1917年马克斯在应雅克·杜塞的请求撰写有关毕加索的文章时说："我从来没有写过有关毕加索的文章。他很不喜欢别人写他。"但是马克斯还是于1923年在《名利场》杂志上写了有关毕加索的自传式回顾文章《早年毕加索:一个朋友和同时代人关于著名现代主义画家的回忆录》。在此之后,也是最后一次,马克斯在《艺术笔记》杂志上发表了题为《回忆毕加索》一文。[1]

早期不平凡的年头里发生的许多重大事件简直无法描述。从精神上,"毕加索圈"在"洗衣船"保持着团结,他们穷困但是快乐。多年以后,在他位于巴黎第八区拉博埃蒂大街的布尔乔亚式公寓里,当他只有躲到楼上画室才觉得自由的时候,毕加索只允许去过和配得上去洗衣船的朋友来访。[2]

---

[1] Chvrière and Seckel, *Max Jacob et Picasso*, p. 61.
[2] Stein, *Picasso*, p. 37.

第四章 《阿维尼翁的少女》和立体主义的起源

> 我会可悲地在一个如此缺乏想象力的现实生活中……在一个特定城市中特定的街道上一个特定妓院中寻找灵感吗?
>
> 毕加索致罗伯特·奥特罗(Robert Otero)[1]

1906—1907年冬季,毕加索开始创作《阿维尼翁的少女》(现代艺术博物馆,纽约市)。正是由于《阿维尼翁的少女》问世,约翰·理查森给毕加索冠以"现代生活的画家"的称号。现在这一观点已被人们普遍承认。这幅画的标题并不是毕加索的初衷,实际上是1916年安德烈·萨尔蒙为这幅画在昂坦沙龙展出的时候取的名字。他用巴塞罗那阿温约大街上一家很有名的妓院为这幅画命名(明显借鉴了后宫裸体女

---

[1]　John Richardson, *A Life of Picasso* (London, 1996), vol. II, p. 19.

人画)。尽管萨尔蒙的母亲曾经在阿维尼翁生活过,这个名称本身对来自阿维尼翁的马克斯·雅各布的祖母具有讽刺意味。

当这幅画最初挂在毕加索画室的时候,标题是《哲学的妓院》。后来又有许多名称,例如《阿维尼翁妓院》等。最初,这是一幅有关妓院的水彩画,画中有七个人物:五个裸体女子、一名水手和一名医学院学生。后两人在以后的版本中消失。医学院学生的位置由一个正在拉开窗帘的女人替代。毕加索一直否认非洲雕塑和伊比利亚传统对这幅画的影响(这个说法的线索是阿波利奈尔的秘书热里·皮埃雷[Géry Pieret]从卢浮宫盗窃的两个头像雕塑)。但是在最终完成的画面右侧两个人物的面部都清晰地反映出这种影响。正是由于这种影响,毕加索创作了所谓的"非洲"画:《帷幔裸体》和《举起手臂的裸体》。

罗伯特·修斯(Robert Hughes)指出了非洲文化艺术和《阿维尼翁的少女》中暴力暗示的重要性:"用刀砍出来一样的轮廓、目不转睛的审视眼神和不稳定的总体感觉……从来没有任何画家有过如此痉挛性的表现。艺术史上全无预示的突变。然而这幅画植根于以塞尚《沐浴者》为代表的传统中"。继承了西班牙式女雕像柱站立裸体形式和埃尔·格列

第四章 《阿维尼翁的少女》和立体主义的起源

《阿维尼翁的少女》，
1907，帆布油画。

柯《探访》（1610—1614）中那种将人物周围的空间用幔帐包围起来不留任何间隙的所谓"埃尔·格列柯手法"。[1] 罗森布鲁姆则认为，无论是表现在两个主要人物中普桑（Poussin）和拉斐尔（Raphael）卓越的解剖压缩的壮观结构顺序或米开朗琪罗式奴隶的痛苦，还是画中左侧裸体人物唤起的希腊神话中的维纳斯和胜利女神与更粗俗、更遥远、低矮而细致描绘的伊比利亚异教艺术人物，《阿维尼翁的少女》反映了以

---

[1] Robert Hughes, *The Portable Picasso* (New York, 2003), p. 7.

不朽的裸体为代表的全部文艺复兴传统。"[1]

安德烈·萨尔蒙在1920年说,《阿维尼翁的少女》如同"永远发光炙热的火山口,当代艺术之火从这里喷发出来"。[2]罗兰·彭罗斯补充道,当这五个妓女面对着观众时,自文艺复兴以来就一直起主导作用的绘画透视体系被颠覆了,从不同的角度可以看到画中的一切。不同于马奈《奥林匹亚》一个人在凝视,我们现在直面五双眼睛。[3]

毕加索为人们把《阿维尼翁的少女》当作妓院的一种委婉语,正如画的最初标题,而感到恼怒。他坚持这是一个虚构的故事,艾温约大街事实上是一条体面的大街,根本就找不到这种妓院……毕加索说:"我的人物是想象的人物。"[4]但毕竟他曾把这幅画叫"我的妓院"。传闻还是站得住脚的,"阿维尼翁"的双重含义始终伴随着这幅画。事实上,"阿维尼翁"在毕加索的生命与死亡中扮演着主要角色。提起这个名字,人们会想起布拉克和毕加索最后一次一起作画的城

---

[1] Robert Rosenblum, *Cubism and Twentieth-Century Art* (New York, 1976), pp. 15-16.

[2] Salmon, in Marilyn McCully, *A Picasso Anthology* (Princeton, NJ, 1982), p. 140.

[3] Roland Penrose, *Picasso* (London, 1971), p. 60.

[4] Richardson, *Life of Picasso*, vol. II, p. 19.

第四章 《阿维尼翁的少女》和立体主义的起源

市；1970年在阿维尼翁举办了毕加索画展；毕加索生前策划了为他死后于1973年在阿维尼翁的最后一次辉煌的画展。

1907年毕加索的重要作品还有具有安格尔风格的超写真画像《马克斯·雅各布》（路德维格博物馆，科隆）。画像成功地捕捉到了毕加索认识时间最长的巴黎朋友的威严尊贵的气质。10月份阿波利奈尔带乔治·布拉克来到洗衣船的毕加索画室，两人的友谊和立体主义便由此而开始。这一年，大型塞尚回顾展在"秋天沙龙"举办。塞尚对毕加索和布拉克起着非常重要的影响。正如毕加索对布劳绍伊（Brassai）说的那样，"塞尚是我心目中唯一的大师。我们所有的人都这样认为。他就像我们的父亲。他保佑了我们"。[1] 塞尚的《五浴女》（1890—1891；冬宫，圣彼得堡）就显著地陈列在《阿维尼翁的少女》的后边。

《阿维尼翁的少女》在毕加索的一生和有关他的传说中占据着难以想象的地位，完全值得用一个章节来阐述。毕加索为了这幅作品的创作研究确实花费了很多时间。毕加索洗衣船的朋友就聚集在这些草图前吃午餐。这幅画不同的蜕变

---

[1] Brassi, *Picasso and Co.*, trans. Francis Price (Garden City, NY, 1996), p. 52.

过程不但使作者痴迷，而且让以后的艺术历史学家和评论家也痴迷于其中。在创作过程中，毕加索成了一个隐士，身体蜷缩在大衣里，沉迷于其中。素描簿上酝酿期的草图也证明他从1906年就开始了这幅画的构思。

如果是在开始构思的过程中巴塞罗那的一家妓院为《阿维尼翁的少女》的创作提供了原始灵感的话，那么德加（Degas）的独模妓女画也引起了毕加索的注意。1907年春天毕加索对一个抬起双臂的裸体和背后角度的手进行了素描练习。梅耶·夏皮罗在讨论《举起手臂的裸体》（1907；私人收藏）系列中的一张时就指出了"形态的自然目的性能量"和"具有野蛮、强烈而粗野表情的外形"。[1]这总是让我联想起高更在晚年把巨幅作品《我们从哪里来?》（1898；古根海姆博物馆，纽约市）中一个男人站着采摘果实的画面中心转换成为身后一名女子带着祈愿的意味举起手臂。毕加索1907年在"独立沙龙"看到了马蒂斯的《蓝色裸体》（由斯坦购买）和德朗的《沐浴者》。事实上毕加索比照马蒂斯的《蓝色裸体》将《阿维尼翁的少女》左起第二个人物称为"我的裸体卧像"。这个人物形象最初被称为"纱舞者"，有时也被称为"幔帐

---

[1] Meyer Schapiro, *The Unity of Picasso's Art* (New York, 2000), p. 18.

第四章 《阿维尼翁的少女》和立体主义的起源

裸体",类似莎乐美和洛伊·富勒的化身。

1907年毕加索从阿波利奈尔的秘书热里·皮埃雷手中购买了他从卢浮宫里偷来的两个伊比利亚头部雕像。毕加索总是很迷信,一直坚信"人们的魔力和力量来自触摸这些精心制造出来并被珍爱、用过或穿过的东西。因此这种冲动不单单是要控制这些超自然的圣物,而且要把这些圣物从官府的虎口中解救出来"。[1] 这种原始的信仰是画家独特能力的基础。盗窃头像雕塑的故事本身也很神奇:毕加索和阿波利奈尔两人都被这两个头像雕塑困扰、阿波利奈尔由于卢浮宫窃案被逮捕并被短期拘留、出租车飞车追逐、新闻报道,等等。

同样引人入胜的是毕加索对安德烈·马尔罗回忆参观位于特罗卡德罗广场附近的人种博物馆的往事(现为人类博物馆)。这个故事与头像盗窃事件几乎同期发生。德朗建议毕加索去博物馆看看,弗拉芒克陪他去看了非洲面具。马尔罗有种迷信直觉,因此再也没有比他更完美的倾听者了。马尔罗的艺术史观认为,艺术是对过去发生的事件和神话中的灵感的具体化表现。他深信某些物体是古代历史的载体,并且

---

[1] Richardson, *Life of Picasso*, vol. II, p. 23.

一个实实在在的光环永远附着其上。当毕加索第一次看到作为代祷者、神与人之间的介体的非洲面具,尤其是这些符合他逆反精神的面具可以驱除幽灵时,毕加索或许在思考他内心对患梅毒的恐惧——驱魔可以抗拒永远萦绕着他的对死亡的恐惧。莉迪娅·加斯曼(Lydia Gasman)指出,毕加索的许多作品都与驱魔有关。[1] 根据毕加索的回忆,布拉克相反"从未害怕过面具"。"驱魔引不起他的兴趣,因为他不害怕我所说的'全部',或是生命……他不觉得那些是敌对的。想象一下——甚至对他并不陌生。"[2]

里奥·斯坦伯格(Leo Steinberg)在《阿维尼翁的少女》的研究论文《哲学的妓院》中称这幅画是"在文明社会之中野蛮的完美画面"。[3] 理查森引用波德莱尔的话说:"恐怖的咒语只能使强大的人沉醉。"[4] 布拉克在阿波利奈尔带他看了《阿维尼翁的少女》后对毕加索说:"从你的画中似乎看出你

---

[1] Gasman, in *Picasso and the War Years, 1937-1945*, ed. Steven Nash and Robert Rosenblum (New York, 1999), p. 59.

[2] André Malraux, *Picasso's Mask*, trans. June Guicharnaud with Jacques Guicharnaud (New York, 1974), p. 11.

[3] 见 Christopher Green, *Les Desmoiselles d'Avignon* (Cambridge, 2001)。

[4] Richardson, *Life of Picasso*, vol. II, p. 9.

第四章 《阿维尼翁的少女》和立体主义的起源

想让我们吃掉一艘拖船或是喝煤油。"[1] 毕加索为了隐藏这幅画的来源往往会转换话题,所以即便是在圈子的核心也保留了些秘密。毕加索的加泰罗尼亚朋友苏洛阿加在克兰库尔大街54号的画室里就藏着确凿的来源——埃尔·格列柯的《启示录》(1608—1614)。毕加索肯定在那里见过这幅画。

毕加索用洗衣船的主画室下面斯坦兄妹为他租赁的另一间工作室画素描和构思。很明显毕加索稳步并且不可逆地走出了"玫瑰时期"的小丑角色。这个角色伴随着毕加索与马克斯·雅各布和纪尧姆·阿波利奈尔的交往和那种附着在他们关系上的模糊气氛。毕加索从未抛弃《阿维尼翁的少女》。事实上毕加索永无休止地在一种强迫症的状态下一次又一次重复画右边两个人物。这种反复重画的行为使大多数人感到震惊。约翰·理查森认为,毕加索不得不显示他的"完成了革命性的尝试。事实上,他所认为的难以完成的杰作并不是没有完全完成。也正因为这样,这幅杰作具有了不朽和无限的魅力"。[2] 克里斯托弗·格林(Christopher Green)说:"这幅画给我们留下的是尚待澄清的歧义:一种风格上、文化上

---

[1] Flam, *Matisse/Picasso*, p. 46.

[2] Richardson, *Life of Picasso*, vol. II, p. 33.

和感情上的矛盾心理。"[1]

至于这幅画的命运,《阿维尼翁的少女》先是在毕加索的画室挂了很长时间,直到毕加索的朋友、对艺术具有超常眼光的超现实主义者、为雅克·杜塞搜集艺术品的安德烈·布勒东说服非常富有的女装设计师雅克·杜塞买下了这幅作品。布勒东从1921年到1924年出售《阿维尼翁的少女》期间写给杜塞的信很具有说服力(25,000法郎,在那个年代是个大数目)。他写道:"对我来说这是一幅超出绘画本身的作品。这是过去五十年中发生了一切的剧场。这是一道分水岭,在此之前走过的有兰波(Rimbaud)、洛特雷阿蒙伯爵(Lautréamont)、雅里(Jarry)、阿波利奈尔和所有我们仍然爱戴的人。"[2] 杜塞买到这幅画之后欢喜异常,而且他对这幅画的赞美也从未减弱过。这一切是布勒东促成的:"这是一幅与契马布耶(Cimabue)的《圣母》一样值得我们在首都大街上游行庆祝的绘画。"[3] 在布勒东对这幅画详细充分地讨论之前,这幅画并不被认为是革命性的。事实上人们

---

[1] Green, *Les Desmoiselles d'Avignon,* p. 145.

[2] Mark Polizzotti, *Revolution of the Mind: The Life of André Breton* (New York, 1995), p. 15; Michael Fitzgerald, *Making Modernism* (New York, 1995), p. 145.

[3] Polizzotti, *Revolution of the Mind*, p. 24.

第四章 《阿维尼翁的少女》和立体主义的起源

对《阿维尼翁的少女》的认识并不很深刻。这幅画直到1916年才被展出，而且展出后也只是被认为是绘画史上令人难以置信的创新，如同一种具有原始力量和肆无忌惮的革命的展示。

《阿维尼翁的少女》起初挂在杜塞在巴黎纳伊区宅邸楼梯的转弯处。楼梯的望柱雕刻着鸟禽，台阶厚厚的玻璃下用银色和红色的珐琅装饰。楼梯是由杜塞筹划，著名的建筑师恰基（Csaky）设计，直对着勒内·拉里克（René Lalique）设计的两扇大门。后来在出售杜塞宅邸的时候，安森·康格尔·古德伊尔（A. Conger Goodyear）通过瑟里格曼画廊以六倍于毕加索出售时的价格为纽约现代艺术博物馆买下了《阿维尼翁的少女》。可惜的是著名画框制作家皮埃尔·勒格林（Legrain）为此制作的画框被装船以后却未抵达目的地。

最全面研究《阿维尼翁的少女》的书籍是克里斯托弗·格林编著的同名文集《阿维尼翁的少女》。文集开篇是毕加索直到作画前的生平梗概，然后对先后出现的人物继续展开讨论，从准备工作期间素描中的医学院学生和水手到两人同时消失，一直到画中右侧两个受到西非和大洋洲雕塑影响的人物。这时，正如里奥·斯坦伯格于1988年10月修订他在1972年发表在《艺术新闻》中的文章所论证的那样，画中五个人物与观赏者的对峙开始了。在 1988 年修订过的文章中,斯坦伯格说明了观赏者如何在作为男性惊慌失措地变成了被注视的中心。这就带出了"毕加索的裸体难题"。在这种情况下,观赏者被置于嫖客的境地,局势完全扭转过来并携带着狂暴的能量突然刺进观赏者的个体空间。斯坦伯格称这种现象为"狂乱的浸礼"。[1] 在格林的文集中,路易·马兰(Louis Marin)把观赏者的对峙与卡拉瓦乔(Caravaggio)令人恐惧的《美杜莎》(乌菲兹美术馆,佛罗伦萨)进行比较。他特别提到普桑是如何不能容忍卡拉瓦乔。普桑要保持画面的光滑并且禁止对其作品的表达功能进行比较。正如马兰指出的,他想压制试图正确宣扬某种历史正确的行为。卡拉瓦乔则发现自己命中注定要去"毁灭绘画"。根据普桑的观点,因为卡拉瓦乔不能创造一件真正的习作,并且提倡现实主义而排斥透视,所以只好直接对着观赏者说:"看着我,我在看着你!"那么这是一场关于对事实的历史客观描述和作家的预想之间的争论。[2]《阿维尼翁的少女》与观赏者直接对话对我们许多人来说颇具魅力。但一些人对直接对话就很不

---

[1] *Art News*, October 1972, p. 88.

[2] Green, *Les Desmoiselles d'Avignon*, pp. 9-10.

第四章 《阿维尼翁的少女》和立体主义的起源

习惯——他们希望保持一定的距离去欣赏，不希望被圈定在直接对话的表现方式中。

约翰·戈尔丁（John Golding）感到惊异的是尽管包括戈尔丁在内的毕加索团队经常看到《阿维尼翁的少女》（他们就经常在这幅画前吃午餐），但洗衣船的人们对它没有任何评论：阿波利奈尔根本没有提到过这幅画、马克斯·雅各布也只提到过一次、萨尔蒙在1912年出版的《法国青年画家》中谈到过一次。安德烈·德朗声称有一天联想到毕加索曾经大谈特谈过的巴尔扎克的《无名杰作》，作者应该在《阿维尼翁的少女》的后面上吊。（巴尔扎克创作的这个离奇故事，尽管恐怖但又富有启发性，是讲一个叫弗伦费尔[Frenhofer]的年轻画家急切地想给两个年轻画家展示自认为很精彩的新作，因为这幅画综合了浪漫主义和古典主义两种风格。这两个年轻画家其中一个是普桑。但这两个年轻画家只在画中看到从一堆令人费解乱七八糟的文字中伸出来的一只女人的脚。绝望中弗伦费尔在这幅画后面上吊自杀。）那时，德朗对《阿维尼翁的少女》的回应是一幅全无生气的《洗手间》。德朗后来在意识到《洗手间》缺乏创新精神后毁掉了它。戈尔丁说，布拉克认真研究了《阿维尼翁的少女》，但这幅画总是让毕加索的画商不知所措。[1] 这或许是对《阿维尼翁的少女》的最高颂赞：无论我们在哪里，它都在我们面前。（毕加索晚年生活在法国南部，尽管九十岁高龄，他还是计划创作一件以《阿维尼翁的少女》暗示性回忆为主题的作品——《鸨娘的节庆》。画中一群妓女簇拥着她们的鸨娘。有人或许认为这幅作品有些卡通化，但追忆的主题和画面引起的回忆却完全不是这样。这对于一个对梅毒惧怕得要死和有着两个不同阿维尼翁的记忆的画家来说尤其如此。）

就在我写这本书的时候，《阿维尼翁的少女》恰好登上了《纽约人》杂志博物馆版面的头版，终于取得了它应得的地位。[2] 卡尔文·汤姆金斯（Calvin Tomkins）的文章是这样开头的："给一个九十七岁的人做手术需要稳定的心神，特别是这位患者是：（1）将近两米五的身高；（2）没病；（3）现代艺术的基石。"修复毕加索这位"价值不可估量的人物"的惊世之作将为观赏者带来新的震撼。修复后的《阿维尼翁的少女》将具有如此不同的风姿：更新鲜、明亮的色彩，整个画面和过分暴露的人物将具更为肉感的肤色。人们发

---

[1] Green, *Les Desmoiselles d'Avignon,* p. 43.

[2] May 24th, 2004, pp. 32-4.

第四章 《阿维尼翁的少女》和立体主义的起源

现雅克·杜塞将这幅画重新装裱并在表面上光。汤姆金斯认为这或许是由于来杜塞在纳伊区公寓的客人酗酒的缘故。因为这幅画挂在楼梯上，很容易看见也容易撞上。玻璃框可能是在上光后加装上去的。总之，保护层被闻名的唾液清洗法清理掉了。画面上有些垂直裂纹。这是因为在十七年中毕加索从一个画室搬到另一个画室，一次一次地把画卷起再展开造成的。现在，《阿维尼翁的少女》已是焕然一新，恢复了原状。

在塞尚和海关官员[1]亨利·卢梭（Henri Rousseau）的影响下，1908年毕加索和费尔南德结伴来到巴黎以北60公里左右的拉布瓦路[2]画风景画。之后在11月份，毕加索和费尔南德宴请了塞尚和卢梭。（在这次宴会上，年长的海关关员说出了后来经常被引用的感叹："你和我是我们这个时代最伟大的画家。你是埃及风格，我是现代风格！"）在拉布瓦路期间，在蓝色和玫瑰时期之后毕加索进入到了"绿色时期"。毕加索后来对安德烈·马尔罗说："我希望看到我的树枝成长。那就是为什么我开始画树木。但是我从来不画自然

---

[1] 对卢梭的戏称，由于卢梭曾是海关官员。——译者注
[2] 又译林路。——译者注

中的树木，我画的树就是我自己。"[1] 在毕加索博物馆收藏的《风景和人物》中，右边的男子变成树干，左边的女子则变成树根。在拉布瓦路创作《农妇》（1908；冬宫，圣彼得堡）过程中，毕加索把画当地的一个叫帕特南（Putnam）的寡妇巨大的身躯作为乐事，将这个寡妇看作是自然景色的一部分。这时，阿波利奈尔也来到拉布瓦路看望他的朋友并且分享了他对自然界的新看法。

正当毕加索在乡间的时候，住在洗衣船的德国画家卡尔-海因兹·魏格尔（Karl-Heinz Wiegels）自杀身亡。回到巴黎后毕加索创作了现存于冬宫给人以深刻印象的《静物与骷髅》，并开始创作完整系列的几何形状的静物画。同年9月布拉克向"秋天画廊"送交了他受到塞尚影响的风景画系列（毕加索在拉布瓦和后来在埃布罗河奥尔塔的风景画同样也受到塞尚的影响），但被拒绝收展。马蒂斯作为评委之一说布拉克的作品是在"画小方块"。但是当布拉克的作品11月在康维勒（Kahnweiler）的画廊展出后，沃塞勒（Vauxcelles）在《布拉斯报》上评论布拉克把一切都简化成"方块"。由此，这两种结论造就了"立体主义"这一名称。艺术界直到1909

---

[1] Malraux, *Picasso's Mask*, p. 23.

年才开始使用"立体主义"这一名称。一个意想不到的偶然事件成就了立体主义。《布拉斯报》1909年11月14日一篇有关日常生活的超现实主义文章《精彩》记录了威尔伯·莱特(Wilbur Wright)在勒芒赢了飞行高度大奖。从此立体主义艺术经常与飞行相提并论,因为两者在同一个伟大的时刻获得了大奖。毕加索1911年所作三幅静物画上写道:"我们的未来在天上。"

梅耶·夏皮罗指出,从毕加索1906年具有古典优雅风格的《牵马的男孩》中的远景人物(现代艺术博物馆,纽约)到戴着月桂花冠的中心人物,立体主义艺术形象在这些年中成功地涌现出来。从毕加索的画中我们能感觉到一个剧变在发生。从"蓝色时期"可怜的外来户人物形象,甚至从"蓝色时期"到"玫瑰时期"的过渡期作品《拿着扇子的女人》中的人物手势下指的姿态,到这一时期人物的胳膊和手向上的姿势,这一变化清晰地显示出毕加索一定程度上的驾驭感。[1] 就是此时,青年毕加索脱离蓝色和玫瑰时期,开始"朝着严格、构思、细腻和控制"的方向发展。

---

[1] Schapiro, *Unity*, p. 13.

《静物和骷髅》，1907，帆布油画。

毕加索和费尔南德在一次巴塞罗那之旅后于1909年秋天离开洗衣船搬到了克里希林荫道11号。两人在巴塞罗那时感情纠纷开始显现出来（费尔南德远远不像毕加索那样喜欢巴塞罗那）。克里希林荫道的居所还有一间有北窗的画室，毕加索的生活变得轻松起来，布尔乔亚情调也日益浓厚。他们两人每逢星期五必会去拜访马蒂斯、星期六晚上会去格特鲁德·斯坦在弗勒吕斯大街的住处、星期天下午则在家中招待客人。表面上这是一种井然有序的生活方式。但这

第四章 《阿维尼翁的少女》和立体主义的起源

种生活并没有维持长久,而这只是毕加索不断变化的生活方式中的一种罢了。这时只有阿波利奈尔和马克斯·雅各布能够转移毕加索对作画的专注。他因胃溃疡叫苦不迭,不能过量饮酒,只喝矿泉水和牛奶,只吃青菜、鱼、米布丁和葡萄。

这一年5月,毕加索回到埃布罗河奥尔塔。帕拉雷斯十一年前带他来过这个小镇。在这里毕加索创作了塞尚型的风景画系列:这一系列画作被看作是毕加索分析立体主义时期的开端。粗略地说,毕加索和布拉克的早期立体主义实践,大家的作品之间都有关联,他们的作品强调组成画面的笔触、线条和平面,也就是说强调孤立的因素。然而立体主义的下一个阶段的作品则逐渐发展为更多的整体感,有了一个主旋律。因此夏皮罗指出,这个进化提高所有的表现手段和技巧,也就是表现方式的精炼程度。[1] 1910年毕加索偕同布拉克在杜塞尔多夫和慕尼黑举办了画展,并且继续进行立体主义创作。这一年他和费尔南德去了海滨城市卡达凯斯,因为法国南部海滨城市科利乌尔镇拥挤着过多的画家。那一年萨尔瓦多·达利只有六岁。后来他成为毕加索的朋友并在

---

[1] Schapiro, *Unity*, p. 23.

这里与布努埃尔（Buñuel）一起拍摄了《黄金时代》。1911年独立画廊举办了立体主义画展；1912年画廊展出了只出版过一期的立体主义杂志《黄金分割》。毕加索从不在沙龙里露面，他也不喜欢自己的作品与他人作品一同展出。直到他与超现实主义作品开始一同展出的时候才突然改变了态度。大家都注意到了毕加索的态度转变是由于与超现实主义派合作的原因。

1911年7月毕加索与马克斯·雅各布、费尔南德、布拉克来到法国比利牛斯山中小镇塞雷与巴塞罗那时期老友莫诺罗·休格相聚。这个期间和地点的作品是立体主义作品中最著名的一部分。同年春天毕加索回到巴黎并在斯坦家中遇见了伊娃·古埃尔（玛塞勒·安贝尔[Marcelle Humbert]）。古埃尔当时是路易·马尔库西（Louis Marcoussis）（路德维克·卡西米尔·拉迪斯拉斯·马库斯[Lodwicz Casimir Ladislas Markus]）的情妇。她使用诡计让费尔南德对另一个男人萌生好感，从而自己永远把毕加索抢到手中。伊娃是《我的小美人》[1]的创作冲动的源泉和毕加索的情人。毕加

---

[1] "啊，玛侬，我可爱的人，我的心在向你问好。"法国歌曲。——译者注

第四章 《阿维尼翁的少女》和立体主义的起源

索非常爱她,这种感情一直持续到1915年古埃尔久病不愈去世。马克斯·雅各布在伊娃葬礼上的所作所为深深地震惊了毕加索(他途中停下喝酒并和车夫调情)。从此,两人的友情开始变淡。当然毕加索与费尔南德的关系早已结束。直到1936年费尔南德的回忆录出版后,由于朋友的说情才促使毕加索帮助了这个落入窘境的年迈女人。那时毕加索已经非常富有了。

当然这并不是说毕加索在其间没有与其他女人有染。伊娃住在疗养院期间毕加索与加比·德佩尔(Gaby Depeyre)发生关系并且持续了数年。毕加索那一年二十七岁。德佩尔是毕加索一幅漂亮的铅笔素描的模特。其他几幅作品的背面写着:"回来吧!我的爱人、我的天使"和"我爱你加比"。但是,毕加索爱一个女人并不等于不去爱另一个女人(在第六章中我将进一步探讨这个问题)。

1912年5月伊娃和毕加索回到塞雷,然后去了阿维尼翁附近的索尔格。同年秋天他们搬到了在巴黎拉斯帕耶林荫道242号的新画室。毕加索每年在外地度暑期后总要在秋天回到巴黎。这一年伦敦格拉夫顿画廊举办了第二次后印象派画展,毕加索有十三幅画在画展上展出。这一年毕加索制作了第一幅拼贴画。对此罗莎琳德·克劳斯(Rosalind Krauss)

《静物与藤椅》，1912，油、油布、仿藤椅藤条组成的帆布拼贴画。

在《毕加索论说集》中有大量的论述。在合成立体主义阶段，毕加索和布拉克的作品强调绘画是置身于现实之外的物体，也就是物体属性和客观实在性。所以《静物与藤椅》（毕加索博物馆，巴黎）上就贴上去了一块实实在在的油布。画框用一条绳子滚边，借以强调模拟和真实的含混。

1913年，毕加索为阿波利奈尔的诗集《醇酒集》创作了立体主义风格的封面插画。这不但是毕加索所有立体主义人物画像中最杰出的作品，也是毕加索对与自己比肩齐名、最喜爱的诗人的赞颂。后来毕加索出席了阿波利奈尔所著《立体主义画家沉思录》的首发式。直到生命的最后一刻，毕加索始终困扰着阿波利奈尔的心神。

第五章　诗歌立体主义

他在巴黎的朋友是作家而不是画家。既然自己也是水平相当的画家，为什么还要交画家朋友呢？

格特鲁德·斯坦[1]

立体派第一次出现引起的兴奋在好奇的旁观者中方兴未艾。1909年乔治·布拉克魔术师般的指甲划过画布的样子——绳子的长度、小木棍、斜角——早期的每个结构和拼贴法都是在提出一个聚合的观点。正如布拉克所言，布拉克和毕加索"系在一条绳子上"向发现的高峰攀登。1911年他们利用共同在小镇塞雷的时间合力成功创造了分析立体主义。这是一个在艺术上持久存在的时刻。毕加索在1912年和1913年两次回到塞雷。他不但热衷于变换自己的观点和

---

[1] Gertrude Stein, *Picasso* (New York), 1984, p. 5.

绘画技巧，而且喜欢返回曾经激发他灵感的地方，仿佛立体主义通过一个平面过渡到另一个平面的"通道"理念一贯是他心理构成的一部分。

塞尚经常提到的"通道"这一术语从隐喻或事实的意义上都是在说明艺术上和文学上所要表现的目的。我们可能（或者往往这样）用这一术语来意指平面的省略。或是如同阿尔弗雷德·巴尔（Alfred Barr）定义的那样，通道是"在一个边缘上不涂油彩或涂上淡淡的色调而产生的一个具有空间的平面"。[1] 布拉克风景画中的"新空间"使得边缘开放的平面合二为一；而毕加索则强调主体或物体的材料。[2] 毕加索在巴塞罗那的好友帕拉雷斯带他来到埃布罗河奥尔塔期间所作的风景画就已经反映出他对分析立体主义的尝试。格特鲁德与她在此之前为毕加索的创造辩护一样，认为毕加索是唯一的立体主义制造者、创始人和天才。或许这是因为她收藏的是西班牙人毕加索的作品而不是法国人布拉克的绘画。她说，立体主义是西班牙日常生活和建筑的一部分。立体主义"总是去切断景观的线条，这就是立体主义的根基。世人

---

[1] John Richardson, *A Life of Picasso* (London, 1996), vol. II, p. 97.

[2] Elizabeth Cowling, *Picasso: Style and Meaning* (London, 2002), p. 97.

第五章　诗歌立体主义

不是去与景色保持和谐，而是与之对立。"[1]

她说，立体派画家用实物作画。他们创作的冲动如此之强以至于画中的物体取代了实物。这使人联想起毕加索对奥古斯坦大街上"加泰罗尼亚自助餐馆"和餐馆中一个餐具柜的看法。"毕加索团队"很多年每天都到这里进餐。超现实主义诗人和小说家罗伯特·德斯诺斯（Robert Desnos）在他题名为《加泰罗尼亚自助餐馆》的最后一篇文章中讲述了这个故事；罗兰·彭罗斯复述过这个故事；多尔·阿什顿（Dore Ashton）也引用过这个故事。毕加索说：

> 我在加泰罗尼亚自助餐馆吃了几个月的午餐。几个月来我看着餐具柜就把它当作一个餐具柜。有一天我决定画这个餐具柜。我画了。第二天当我来到餐馆的时候这个餐具柜不见了。放餐具柜的地方空着。我一定是在不经意间用画的方式把它拿走了。[2]

这种富有想象力的表现方式的力量是不可否认的，甚至在荒

---

[1] Stein, *Picasso*, p. 35.
[2] Dore Ashton, ed., *Picasso on Art: A Selection of Views* (New York, 1972), p. 82.

诞不经的故事中也是如此。

斯坦的某些对立体主义艺术的民族基础的论述令人吃惊。例如,"自然和人在西班牙相互对立,到了法国他们就一致起来"。[1]当然我们理解斯坦的观点,她是想表达因为在西班牙圆形与立方体相对,地球的运行与房屋的移动相反,所以在缺乏洞察力的法国"房屋与景致同向运行"。布拉克在欧仁·若拉(Eugène Jolas)主办的《变革》杂志[2]发表的题名为《对格特鲁德·斯坦的驳斥》一文中写道:"斯坦小姐完全不理解她身边发生的事情……很明显她从不十分了解法国,这对她来说一直是个障碍。但是她完全错误地理解了立体主义。她只简单地看到了立体主义中的个性。"[3]在其他问题上,布拉克说他与毕加索携手一道"寻找匿名的个性。我们倾向抹去我们自己的个性从而去寻找个性的本源"。[4]欧仁·若拉同样对斯坦小姐的"空洞俗丽的波希米亚主义和

---

[1] Stein, *Picasso*, p. 36.

[2] 《变革》23 期副刊,参见 Dougald McMillan, *Transition, 1927-38: The History of a Literary Era* (New York, 1975) esp. pp. 176-7 关于斯坦的章节以证明。

[3] Richardson, *Life of Picasso*, vol. Ⅱ, p. 132.

[4] Marilyn McCully. Ed., *A Picasso Anthology: Documents, Criticism, Reminiscences* (Princeton, NJ, 1982), p. 64.

第五章　诗歌立体主义

自我主义的畸形"嗤之以鼻。斯坦的毕加索式孤独荣耀的神话看来是事与愿违。

与达达主义、未来主义和超现实主义不同，立体主义没有宣言性纲领。路易·沃塞勒（Louis Vauxcelles）认为那些"小方块"没有理由粘贴在画面上。只有阿尔贝·格莱兹（Albert Gleize）在1912年真正阐述过立体主义理论。那一年毕加索和布拉克已经开始尝试从每个侧面去观察一个物体的方法。这种方法将成为另外一个"主义"的界定标准。回顾过去，如果真需要一个术语的话，《阿维尼翁的少女》曾被称为"原立体主义"。

马克斯·雅各布在洗衣船就开始创作立体主义诗歌。除了马克斯·雅各布和纪尧姆·阿波利奈尔这两位立体主义诗人和作家之外，另外两位最著名的是布莱兹·桑德拉尔和皮埃尔·勒韦迪。他们早在没有人提及"文学立体主义"这个称号也没有任何迹象之前就开始参与革命性的先锋派创作实践。蒂姆·希尔顿（Tim Hilton）很准确地把这个现象称为"立体主义傲慢的隐私"。[1] 1910年10月，二十一岁的勒韦迪从纳伯恩来到巴黎住在洗衣船。他在那里遇见了马克斯和

---

[1]　Timothy Hilton, *Picasso* (London, 1975), p. 153.

胡安·格里斯（毕加索已经在1909年从洗衣船搬到了克里希林荫道11号）。他在1915年发表的《小诗文集》后来成为文学立体主义的顶峰之作。格里斯和勒韦迪珠联璧合。他们的静物诗和静物画是合作的高峰。格里斯的一幅画作甚至把勒韦迪的一首诗作整个涵盖进去。1927年5月7日，格里斯去世。立体主义最令人叹为观止的合作之一由于他的早逝而中断。毕加索给格特鲁德·斯坦打了一个慰问电话。但她在《爱丽丝·B.托卡拉斯传》中写道："毕加索最希望胡安·格里斯走开。他们的关系就是那样。"格特鲁德对胡安·格里斯的深情刺伤了毕加索。斯坦写道：

> 后来格特鲁德·斯坦因胡安去世伤心欲绝的时候毕加索来访并且待了一整天。我不知道他们都说了些什么，但我知道格特鲁德·斯坦曾痛苦地对他说，你没有权利哀悼。毕加索则说，你没有权利对我说这些。她愤怒地说，你从来就没有认识到他的价值，因为你没有这种价值。他回答说，你非常清楚我的价值。[1]

---

[1] Gertrude Stein, *The Autobiography of Alice B. Toklas* (London, 1960), pp. 213-14.

第五章 诗歌立体主义

毕加索是勒韦迪唯一一个用"天才"来形容的画家。他写了一篇有关毕加索的专题文章(《毕加索》,1927年发表)。在戛纳,勒韦迪把为毕加索写的一首诗镌刻在黏土碑上:

> 在时间干涸的边缘
> 透过这颗赤裸的心
> 溢出苦味
> 毕加索
> 飘舞在风中的种子播种着
> 荒漠。[1]

文学立体主义直到今天仍然在极大程度上受到推崇,而且其作品中也有不少最精彩的诗歌语言。以皮埃尔·勒韦迪1916年的诗作《广场》为例,[2]页面上的一段简单文字以多种立方体的形式显示出来,比以前任何东西看起来都有更令人印象深刻的立体感。诗歌中包含的静物开始常见并且具有丰富的想象力,例如这首重要的立体主义诗作:

---

[1] Pierre Cabanne, *Le siècle de Picasso* (Paris, 1975), p. 272.
[2] Pierre Reverdy, *Quelques poèmes, plupart du temps,* I : *Poésie* (Paris, 1969), pp. 65-6.

>   精选的朗姆酒
>
>   带着苦味的烟斗
>
>   从落下的星星
>
>   你的头发在飞
>
>   到壁炉里。

可视化诗词独具其特殊的效果。没有人能比得上快乐的天才纪尧姆·阿波利奈尔写给毕加索的诗句。阿波利奈尔在1917年5月发表在《SIC》杂志[1]上的一首诗的诗句中间留出了一块空间,两旁是诗句,形成静物的轮廓线。[2]

  阿波利奈尔很长一段时间有一个把他的诗歌表意文字和毕加索的诗句结合在一起而成为一个合卷的设想。这样,这种在视觉和文字之间的互通交替能够作为一个清晰的见证。这个汇编取名为《我也是一个画家》。但计划最终夭折,因为毕加索担心这样会突出阿波利奈尔。就像他说的那样,阿波利奈尔很确定他本身就是一个画家。

  事实很清楚,从来没有任何诗人能比阿波利奈尔更好

---

[1] 《声音、想法、颜色、形式》杂志,1916—1919。——译者注

[2] LeRoy C. Breunig, ed., *Apollinaire on Art: Essays and Reviews, 1902-1918* (New York, 1960), pp. 450-51.

第五章 诗歌立体主义

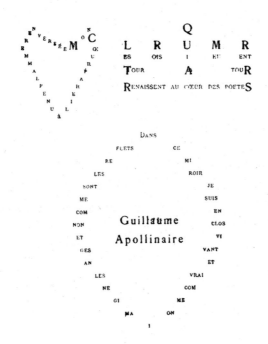

《跳跃的心和镜像》,选自纪尧姆·阿波利奈尔可视化诗集《立体诗》,1918。

地描述毕加索的画作。插入字母的立体主义"表现对象"方法(tableau-objet)一出现就声名远扬:1912年献给伊娃充满爱意的画作《我的小美人》有关飞行的诗句,将立体派作品升高到莱特兄弟冒险的天空;静物画中出现的代替"日志"

(Journal)的三个简单字母Jou[1]是这一时期立体主义画作的最好印证。立体主义诗人阿波利奈尔和桑德拉尔的诗作充满了特别是与飞行相关的字句。在阿波利奈尔著名诗词《地带》中，耶稣在天空中翱翔。在《巴拿马或我七个叔叔的奇遇》中，桑德拉尔断言"诗歌始于今天"并将从此腾飞："我是第一个单飞横跨大西洋的飞行员。"[2] 1912年当毕加索制作他的《静物与藤椅》（毕加索博物馆，巴黎）时，仿真和验证接合的新鲜程度与报纸上的新闻一样新奇。毕加索用一条绳子制作成椭圆形的画框，将真实的世界和实物与壁纸和油彩折叠起来一同带入画面。梅耶·夏皮罗称这种充满自信的实践是"自由立体主义制作方法的"的一部分，证明了艺术家控制者的地位，艺术家从而找回个性。夏皮罗继续说，装扮成小丑的毕加索也与此相同，在"雕像般存在"中的毕加索自我。[3]根据蒂姆·希尔顿的观点，经常出现在立体主义作品中的这种椭圆形状的优点具有两个作用。第一，椭圆形状加强了物体构思的完整存在而不是单单的物体的表现；

---

[1] 法语，你。——译者注

[2] Cendrars, *Poésie: 56: Le Panama; ou, les aventures de mes sept oncles; 61: Du monde entire* (Paris, 1967), p. 65.

[3] Meyer Schapiro, *The Unity of Picasso's Art* (New York, 2000), p. 26.

第五章 诗歌立体主义

《纪尧姆·阿波利奈尔和朋友们》(乡间聚会)，1909，帆布油画，玛丽·洛朗森（Marie Laurencin）。

第二，椭圆形状消除了内在化结构不能触及画框边缘的问题。[1] 他认为毕加索这些年的作品表现得"确实奇怪……画面制作中怪异和欢快同时存在。"关于著名的《吉他》(制作画作。通过威廉·鲁宾 [William Rubin] 与毕加索的关系赠予纽约现代艺术博物馆)，希尔顿写到，这是第一幅静物画雕塑，具有创新性。它"不是通过模特和雕刻"来完成的，

---

[1] Hilton, *Picasso*, p. 153.

而是把不同的部分拼凑在一起，[1]为1914年的自立式雕塑《苦艾酒杯》铺平了道路。

皮埃尔·凯泽尔格（Pierre Caizergues）认为，1905年到1918年毕加索和布拉克之间的对话可以作为"一种两个创造者之间朋友关系所始终包含着的相互苛求、密谋，间或相互伤害"的证据。[2]毕加索给布拉克写过113封信，给阿波利奈尔只有51封。如果我们从现存的信件来判别，似乎阿波利奈尔给毕加索的回信是有关诗歌的。阿波利奈尔专门为毕加索创作了《订婚》和《杂枝演员》；《节目》则充满了玫瑰色调，微光下的粉色氛围；还有《黄昏》，这些诗作都与毕加索马戏团或"玫瑰时期"相关联。毕加索也是1905年阿波利奈尔有关画家系列回顾文章《新画家》中的第一人。之后，这个系列收入《阿波利奈尔论艺术》一书中。

阿波利奈尔和毕加索的亲密关系持续了很长时间。毕加索给他的诗人朋友的信件中明显显示出那种愉快的亲密关系。毕加索在1908年给阿波利奈尔的一封信这样写道："你好，亲爱的纪尧姆，在你肚脐上亲一下……我给你寄去几幅

---

[1] Hilton, *Picasso*, p. 115.

[2] Pierre Caizergues and Hélène Seckel, eds, *Picasso, Apollinaire: correspondence* (Paris, 1992), p. 113.

第五章 诗歌立体主义

小素描画",并祝愿他有"充满辉煌和幸福的一年"。[1]

但事情并不总是那么简单。1908年3月8日星期天,毕加索寻思他身边的朋友所说的一些传闻,他在给阿波利奈尔的信中写道:"亲爱的朋友,我今天早上读了你写给马克斯的信。说真的,我不明白。你不来看我反而说我不再喜欢你了。"[2] 尽管如此,他们的关系最后总是能得到修复。阿波利奈尔照常写有关毕加索的文章。他和玛丽·洛朗森(Marie Laurencin)也照常会去克里希林荫道11号赴晚餐。毕竟还是毕加索一年前在克洛维斯·萨戈(Clovis Sagot)的画廊安排他们相识。萨戈之前是丑角演员,现在当了画商。

然而,从两人关系更困难的方面分析,阿波利奈尔希望与毕加索携手创作的计划事实上主要是他企图自己保持主导地位,而毕加索只是作为一个诗集的插图画家而已。显而易见的紧张气氛存在于这两位如此活跃的创造者的紧密关系之中。尽管如此,1914年阿波利奈尔在《水星》杂志发表有关毕加索的文章;1917年在同一刊物发表了同名诗《巴勃

---

[1] Pierre Caizergues and Hélène Seckel, eds, *Picasso, Apollinaire: correspondence* (Paris, 1992), p. 106.

[2] *Ibid.*, p. 55.

罗·毕加索》。[1] 阿波利奈尔一直希望他们两人能够共同发行"一本我们合作的关于你的书籍。就是说你给我提供素材。这本书会很精彩很重要"。毕加索则希望他的好友给他写信。1913年3月18日毕加索在塞雷小镇杰曼林荫道202号公寓写给阿波利奈尔的信中明确表达了这一愿望:

> 我亲爱的老朋友纪尧姆
>
> 你从来不给我写信,尽管我给你寄去那么多张加泰罗尼亚明信片。
>
> 我在工作中也想念着你。
>
> 祝你好运,
>
> 毕加索[2]

同年阿波利奈尔发表了著名的诗集《醇酒集》。1913年5月29日毕加索收到诗集后写信给阿波利奈尔说道:"你知道我有多么爱你,你也知道我读你的诗时是多么的喜悦。我很高兴。我,还在工作中。"然后毕加索寄给阿波利奈尔"一

---

[1] 发表于 *SIC*, no, 17 (May 1917)。

[2] Caizergues and Seckel, *Picasso, Apollinaire*, p. 103.

第五章 诗歌立体主义

把专门为你制作的小吉他"。[1] 阿波利奈尔在信中给毕加索讲了他对自己诗作的看法。他在1914年7月4日怀着激动的心情告诉毕加索有关他的形象逼真的精彩的诗作《海洋来信》，他希望毕加索也收到了这首诗。他写道："你收到《海洋来信》了吗？从那时起我又写了一些新诗。诗中我使用了真正的表意文字。这些表意文字构成的形式不是从韵律而是从主题本身而来……我认为这是一个非凡的新鲜事物。我将为你作一首短诗。"在信中他附了两首视觉上很精彩的诗作《烟斗》和《画笔》。(《烟斗》："我是冥想本身／除了烟灰我什么都不能容纳／烟雾太沉重，只能沉没。《画笔》："将你举起的手包含着天地万物／让整个生命凝固／刚刚出生的／所有一切／所有的面孔／和所有的景色。") [2]

1916年12月，阿波利奈尔想与毕加索公开讨论有关"我们的个性，我们的抱怨，一句话，我们的友情……我对你的感情至关重要而且很强烈。尽管如此，仍然没有避免我们之

---

[1] Caizergues and Seckel, *Picasso, Apollinaire*, p. 106.

[2] "La pipe et le pinceau". Pipe: "Je suis la forme même de la meditation / et finalement je ne contiens plus que des cendres / fumée trop lourde et ne peut plus que descendre"; Pinceau: "Mais la main qui te prend contient L'UNIVERS / c"est immobilizer toute la vie / ici naissent / tous les aspects / tous les visages / et tous les / paysages, *Ibid.*, p. 107.

间产生的各种误会。"[1] 1918年阿波利奈尔去世后，弗朗索瓦丝·吉洛试图收集所有与阿波利奈尔有关的信函和未完成的作品。但是毕加索拒绝将存在奥古斯坦大街画室的有关资料借给吉洛。他说："太麻烦了。反正为了让阿波利奈尔永垂不朽，那些人人皆知的诗作就足够了。把我的诗作添加进去是徒劳无益的。"[2]

　　一个关于阿波利奈尔的回忆稀奇古怪的脚注：作为毕加索原计划为阿波利奈尔创作的大型雕像（1928年制作的一具金属雕塑，骨架有十三英尺高）的替代物，一座雕像最终在圣日耳曼大教堂背后的一个小广场竖立了起来。雕像底座上镌刻着"阿波利奈尔，诗人王子"。很多年来我总是琢磨为什么那个头像不似阿波利奈尔，一直到我了解到这其实是毕加索为多拉·玛尔雕塑的头像后才明白了真相。雕像于1959年落成，毕加索的第二个妻子杰奎琳在仪式上为雕像揭幕。安德烈·萨尔蒙、安德烈·比利和让·科克托参加了揭幕式。事实上这是毕加索为多拉·玛尔雕塑的第二个头像。毕加索为了铜锈效果在第一个头像上撒了一泡尿，但头像因为变绿而废掉。免得让读者觉得奇怪，毕加索是从马约尔那里

---

[1] Caizergues and Seckel, *Picasso, Apollinaire*, p. 16.
[2] *Ibid.*, p. 21.

第五章 诗歌立体主义

学来的这个点子。人们说马约尔每天早上起床后在他所有的雕塑上撒尿。后边还有更怪诞的事发生。数年前在多拉·玛尔的住宅卖掉之后,有人偷走了阿波利奈尔纪念碑上的头像,然后这个头像又被从树林中找到装了回去——又一个立体主义诗歌领域的奇遇。[1]

立体派领军人物除了立体派早期奠基人毕加索和布拉克之外,还有胡安·格里斯。另外毕加索在一些场合也称布拉克的妻子是立体派主要实践者。格里斯也是西班牙人,他把毕加索称作他的恩师。从1906年在洗衣船开始格里斯就是毕加索圈子里的一员。毕加索在洗衣船为他找到一间画室,直到1922年他一直在那里作画。但格里斯是一个对事物从客观上和心理上自找烦恼的人。对毕加索和马克斯·雅各布来说,他常常令人恼火。毕加索觉得格里斯阴冷而生硬。他也过于热衷于在他们经常光顾的一些咖啡馆里发表宣言和给学说下定义。在这群人中与阿波利奈尔同样最具有幽默感的布莱兹·桑德拉尔在1917年寄给毕加索一张明信片,嘲弄在咖啡馆里那种板起面孔的高谈阔论。他和毕加索都是不拘礼仪的人。

---

[1] 双关用语,意译为"又一个在立体主义诗歌领域里的经历"。——译者注

格里斯一直感觉自己是个外来户。毫无疑问他那种近乎偏执狂般的悲哀情绪对他融入巴黎生活没有好处。他就没有顺利过。特别是二战法国被占领时期那段艰难的日子，格里斯身无分文。格特鲁德·斯坦喜欢格里斯并被他所吸引，据说曾经想帮助他，但被毕加索阻止。总之，毕加索和格里斯的关系远远不是与马克斯·雅各布和阿波利奈尔的那种热情关系。1917年3月，格里斯给毕加索写信说他在巴黎是那么令人难以置信地抑郁。他觉得这个"环境非常无聊"，[1] 感觉到他生活在疯子中间，像毕加索那样有关爱之心的人是那么少有。4月13日他又写道："除了高度的无精打采和抑郁之外，我一点信心都没有……春天同样不适合工作。每年的春季我都有一个漫长而黑暗的抑郁期。"[2] 所以毕加索尽可能长时间远离"令人恐惧的无聊"的巴黎是对的，毕加索确实也是这样做的。一个为毕加索举办的晚宴开始了，但毕加索却不见踪影。

格里斯持续不断地对在巴黎感受到的敌意而感到失望。他恳求毕加索利用他的"渠道和影响"给他帮助。他说自从

---

[1] *Les Archives de Picasso* (Paris, 2003), p. 106.

[2] *Ibid.*, p. 107.

第五章 诗歌立体主义

毕加索离开后他就没有作画,[1] 并且难以置信地抑郁。但是他也承认他刚到巴黎时候的作品"枯燥并没有生气"。毕加索曾批评过他早期在巴黎的画作(梅青格尔 [Metzinger] 看法相同)。他向毕加索担保说:"我觉得我最近的作品已经不那么单调,并且具有生气了。如果你看到这些画,我期望你不再会对你的学生不满意了。"(1918 年 8 月 18 日) [2]

毕加索的朋友、来自巴塞罗那的莫诺罗·休格对格里斯异常反感。他说:"只有一个深受古典传统影响的血气方刚、爱嘲弄人的加泰罗尼亚人能够理解一个来自马德里的过分理智、缺乏幽默感,却更具有想象力和创造力的现代派艺术家。"[3] 这时格里斯已经黏上了他的恩师毕加索并且接替了布拉克的位置。事实上是胡安·格里斯创作了第一幅立体派拼贴画。他在 1912 年的《洗手间》中将一块镜子插在画布上。在同年的作品《手表》中,他贴上了一张写着阿波利奈尔诗作《米哈博桥》的纸。诗这样写道:"米哈博桥下,塞纳河流淌……让夜晚降临,让钟声结束这一天,时光从我身边流逝,我依然在。"题词、嵌入和引用都是壮观的诗歌立体主

---

[1] *Les Archives de Picasso* (Paris, 2003), p. 109.

[2] *Ibid.*, p. 110.

[3] Richardson, *Life of Picasso*, vol. II, pp. 176-8.

义拼贴画的一部分。

罗莎琳德·克劳斯在《毕加索论说集》中研究了拼贴画在现实世界的非指涉性。她认为拼贴画"进入了一个符号从固定性中消失的空间。符号的固定性就是符号学中所谓相似性的图像状态。在相似性的图像状态下，不断起作用的含义可能被符号所表达。这就是缺乏动力的常规符号。"[1] 拼贴画强调了对话的层面，就像阿波利奈尔的对话诗词一样。[2] 很明显阿波利奈尔是与毕加索对话，他们相互在对话。

很久以后的一天，毕加索看着他1914年的拼贴画对陪伴他的费尔南·莱热（Fernand Léger）说："我们放弃拼贴画肯定是疯了或者是胆怯了！我们拥有过如此了不起的艺术表现方式。看看这有多美……我们有这些方式，但我却回到了油彩，你回到了大理石。"[3] 在这段言论中，"回到"的说法抓住了你的注意力，似乎立体主义和立体主义拼贴画是毕加索的艺术作品中最具有革命性部分。或许这对布拉克来说也适用。

立体主义探索实践中最动人之处（借用约翰·伯格《立

---

[1] Rosalind Krauss, *The Picasso Papers* (New York, 1998), p. 28.

[2] *Ibid.*, p. 55.

[3] Picasso, reported by Kahnweiler; Ashton, *Picasso on Art*, p. 116.

第五章 诗歌立体主义

体主义的时刻》中的时刻）是立体主义不得不终止的方式。蒂姆·希尔顿指出，当"毕加索和布拉克1914年暮春最后一次在阿维尼翁一起作画的时候"，立体主义就终结了。其他评论家则强调立体主义的最后一刻发生在1914年毕加索在阿维尼翁火车站与布拉克和德朗道别的时刻。毕加索然后与伊娃在那里度过了整个夏天。与往事告别、与探索告别、与情人和朋友告别，毕加索没有对此多加渲染。我们只能这样接受这个事实了。

毕加索确实陶醉于立体主义拼贴画这一时刻。他喜欢用锌、锡和贴纸制作拼贴画。斯坦确认"毕加索喜欢这些纸张。事实上在这时，任何事情都能让他高兴，每件事都生机勃勃，充满着极大的快乐"。[1] 毕加索每一件创作和拼贴画都是天才的印证。甚至现存于纽约现代艺术馆的一把1919做的吉他也采用了《三角帽》所放弃的设计。上面到处都是颜料、剪裁下来的东西、大头针、钉着大头针的剪纸和一条一条卷起来的报纸。尽管都是简单的物件，但却被制成一件令人心悦诚服的艺术品。1919年，这把吉他卖给了一个专事超现实主义画家作品的画商皮埃尔·勒布（Pierre Loeb）。大多

---

[1] Stein, *Picasso*, p. 36.

数超现实主义艺术家都非常崇拜毕加索。

勒韦迪在《墙中的梦想者》一文中写到了这把吉他(《超现实主义的革命》，1924年12月1日)。这把吉他似乎是一个清醒的梦，反映了超现实主义者与现实的关系。特别恰当的是，这个分析与收录在《超现实主义与绘画》中布勒东的《毕加索的构成要素》赞美毕加索的方式完全相同。首先，立体主义是有关认知事物的不同角度。毕加索总是产生和接受新的见解。这些新观点有的是自己的有的是别人的。他从其他画家那里学习他所欣赏、希望和需要的观点。从20世纪的"原始人"亨利·卢梭那里，毕加索学到了锋刃画法和卢梭的"朴素视野感"。[1] 马克斯·雅各布回忆起早年当马蒂斯住在圣米歇尔码头19号的时候，他和毕加索会讨论马蒂斯有关色彩和着色表面与显色作用的关系。有一次马蒂斯给毕加索看了一具黑檀木小雕像，毕加索整晚都把雕像捧在手里。[2]

毕加索在马蒂斯晚年去拜访他，学到了剪纸这个主意。那时马蒂斯正在制作剪纸，毕加索看到了他希望看到的，然后一去不复返。当然这只是马蒂斯的表述，但其中也不乏真

---

[1] Cowling, *Picasso*, p. 98.

[2] Emmanuelle Chevrière and Hélène Seckel, eds, *Max Jacob et Picasso*, exh. cat., Musée Picasso (Paris, 1994), p. 222.

第五章 诗歌立体主义

相。毕加索常常称颂马蒂斯,甚至在创作《吹笛子的人》等雕塑作品的时候也明显地有所流露。无论是表达出来还是没有表达出来,毕加索对马蒂斯的崇敬是真实的。当他们不痴迷于一个作品系列并创作一些不同风格作品的时候,两人都有参考和创新。

杰克·弗拉姆在他的权威性研究著作的前言中提出了这两位20世纪伟大画家的"协同效应"这一观点。通过对照分析两人的作品,似乎两人中的任何一个都因相互比较显得更伟大。在半个世纪中,两人相互理解、相互激励。从他们第一次相见到他们生命的终结,双方都一直认识到一方不知为什么都要慎重考虑到另一方的主要存在地位。毕加索评论说:"从整体上看,只有马蒂斯一个。"马蒂斯则说:"只有一个人有资格批评我,那就是毕加索。"据称两人不止一次说过类似这样的话:"我们必须尽可能多地切磋琢磨。当我们中有一个去世,另一个再也不可能找到任何能够探讨问题的人了。"[1]

两人的对话是这种关系的真正本质。尽管两人之间存在分歧、嫉妒和偏狭之处,像所有人一样,创造者身上也都有

---

[1] Flam, *Matisse / Picasso*, p. xi.

这些问题。只有马克斯·雅各布对毕加索的崇拜是没有限度的，至少是没有表现出来。1913年4月，他们在一起生活。后来他们在塞雷的德尔克罗宅邸也住在一起，直到毕加索去了阿维尼翁，毕加索、马克斯和布拉克1911年夏天也在这里度过，毕加索和伊娃1912年也在这里短期停留。1913年4月马克斯在给康维勒的信中说道："只有在一起生活你才能了解你的朋友。我学会了每一天都崇敬毕加索的伟大品格、他的品味的真正独创性、他感知的细微性、头脑中如画的细节和他作为真正天主教徒的朴素。"[1]

1913年，毕加索的父亲去世。当时毕加索正在为马克斯的《耶路撒冷围城》创作插图，他选择了静物和一个骷髅，可能这是他对父亲死亡的反映。总之，他像往常一样继续工作。毕加索写道："艰苦工作。"后来在6月中旬，毕加索、伊娃和马克斯在阿波利奈尔离开后组成新"三人组"去西班牙的菲格拉斯和基洛纳去看只有西班牙人做的事情——斗牛。毕加索一生都被公牛形象所主宰，这一点从他的《弥诺陶洛斯》系列作品到他的自画像都得到了印证。

---

[1] Max Jacob, *Correspondances 51: Les amities et les amours*, ed. Didier Gomper Netter (Paris, n. d.), p. 112.

第五章 诗歌立体主义

9月,毕加索回到巴黎后在蒙帕纳斯墓地和马克斯·雅各布住所对面的舍尔谢大街5A租下了一间画室。相比画室,毕加索更喜欢公寓,因为画室不是炎热难耐就是冰冷刺骨。第二年他改在塔拉斯孔作画,然后在1923年搬到了阿维尼翁。毕加索和伊娃曾经来过这里。从1923年到1928年,他住在圣伯纳德大街的新阿维尼翁大酒店。此时毕加索对马克斯的慷慨大方是毫无保留的。他总是送给马克斯一些画作和素描让马克斯卖掉换钱用(当然马克斯从毕加索那里要不来与阿波利奈尔的来往信件)。毕加索还说服雅克·杜塞购买了一些马克斯·雅各布出版的书籍,这样马克斯能有足够的盘缠回到巴黎。安德烈·布勒东介绍杜塞与毕加索认识并说服杜塞最终买下了《阿维尼翁的少女》。马克斯也为杜塞重抄了自己的一些诗作,其中包括散文诗集《短号》和《预言和回顾纪事》。当伊娃去世,毕加索从舍尔谢大街搬到蒙鲁日社区后,他还给马克斯("我亲爱的朋友")寄去了为马克斯卖掉的两本书的钱。马克斯本来不想与杜塞说他和毕加索的关系。他说他从来没有写过有关毕加索的文章,而且毕加索也不喜欢别人写他。恐于"误解和失言,我不会做让他不高兴的事情,因为我对毕加索充满了尊敬和感激之情"。他说,除此之外无论我写什么都会比其他人引起更多

的注意,而且他被"降低到只是'毕加索的朋友'"的地位。[1]但后来他让步了,并对他的好友做出以下描述:

> 矮个子、黝黑的皮肤、结实的身躯、心神不宁、锐利而忧郁的眼睛、夸张的手势、手脚很小
> 粗暴无序和愤怒
> 对每个人敞开胸襟
> 和巴黎情调格格不入
> 朋友的避风港
> 总是关心地问:"你有事做吗?"
> 帆布便鞋、旧帽子,都洗得掉色了
> 狗和油彩的气味
> 在门前与推车卖菜的人闲聊
> 川流不息的西班牙女人
> 保险柜:一个装在衣服内兜里的带扣子的家务记事本
> 猜疑
> 所有的画商下午五点上门
> 马蒂斯带来 M. 苏楚金(Schuchkin)

---

[1] Jacob, *Correspondances*, p. 222.

第五章 诗歌立体主义

对他暗中咒骂过的造访者热情友善。

在与达达主义艺术家查拉（Tzara）谈论与毕加索的关系时，马克斯说得最准确："我和毕加索的朋友关系有十六年了。我们相互厌恶对方，彼此之间的伤害和帮助一样多。但是毕加索在我的生命中是必不可少的。"[1] 当马克斯从犹太教皈依天主教时，他最好的朋友毕加索成为他的教父。毕加索起初希望给马克斯取的洗礼名是"菲亚克"（Fiacre）（园丁和痔疮患者的守护神）[2]，但是很可惜法国出租马车的名称是"菲亚克"。所以在1915年2月18日马克斯的洗礼仪式上，他选择了"西普里安"（Cyprien），意为"成长"。[3] 毕加索在他送给马克斯的礼物《效仿救世主》上写道："送给我的兄弟西普里安，纪念他受洗。"洗礼仪式就在1月份，毕加索为马克斯创作了安格尔风格的画像一个月之后。（具有讽刺意味的是，当多拉·玛尔与毕加索分手后成为宗教隐居者，她送给毕加索一本《效仿救世主》。就像我们猜测的

---

[1] Chevrière and Seckel, *Max Jacob et Picasso*, p. 128.

[2] 作者对圣菲亚克尔的诠注断章取义、片面。比如圣菲亚克尔是多种疾病的守护神，也是出租车夫的守护神。——译者注

[3] *Ibid.*, p. 117.

那样，毕加索取笑这本书。马克斯和多拉是不同的人，年老一点的毕加索也不同于作为马克斯教父时的毕加索。）

就像我们了解的那样，随着时间的流逝，毕加索发生了很大变化。这些变化不只是他的性格和居所，从破烂不堪、极其肮脏群居式的洗衣船到布尔乔亚区拉博蒂斯大街的公寓，再到与世隔绝、壮观的沃夫纳格庄园与生命之母庄园，还有他的画室和画商，一切都发生了变化。例如1916年毕加索的画商德国人康维勒不得不离开法国到中立国瑞士安身。毕加索还有其他画商：莱昂斯·罗森贝格（Léonce Rosenberg）(《现代成就》作者，1918）已经存有毕加索的画作，同时安德烈·勒韦尔（André Level）和马克斯·雅各布也给毕加索出谋划策。然后毕加索最后还是用他的兄弟保罗替换了莱昂斯·罗森贝格。

但是他的朋友在他的生命中没有发生什么变化。毕加索的静物画里随处都可以看到他的朋友们的痕迹，无论是1912年《建筑师》中格特鲁德·斯坦的名片（现代艺术博物馆，纽约），还是画作中马克斯的香烟与文字"约伯"（JOB）。"约伯"是用来形容马克斯和约伯[1]一样贫穷。对毕加索的

---

[1] 约伯，《圣经》人物，以吃苦耐劳著称。——译者注

第五章 诗歌立体主义

变化：蒙马特和洗衣船／狡兔酒吧的情景到蒙帕纳斯社区／圆顶咖啡馆／大圆厅咖啡馆，一个最佳描述，来自马克斯。马克斯在《当代艺术家传记辞典》自己的词条中写道：

> 1898年我结识了毕加索。他说我是一个诗人。这是上帝存在的启示之后我生命中最重要的启示。我们在一起，热情洋溢、公正无私，我们是20世纪新纪元的艺术家。与我们最紧密的是阿波利奈尔和萨尔蒙。其中很多人之后逐渐成名。[1]

在发表于1932年4月30日的《新文学》的《立体主义的诞生及其他文艺流派》中，马克斯称《阿维尼翁的少女》吸收非洲艺术是立体主义运动初期表现的催化剂。他描述了这一时期的艺术创作氛围：在开胃酒时刻，克里希林荫道的咖啡馆外，毕加索这个十八岁的波拿巴住在130号。

这是葡萄酒商巴蒂（Baty）的时代，是阿扎尔（Hazard）食品杂货店的时代，也是阿波利奈尔《坐着的女人》的时代。正如马克斯·雅各布描述的那样："事实是蒙帕纳斯代

---

[1] Jacob, *Correspondances*, p. 221.

替了蒙马特。在蒙马特的日子里,那里有艺术家、歌手、磨坊、夜总会,甚至吸大麻的、鸦片刚上瘾的人、永恒的色情狂,还有可卡因使用者。"现在这里聚会的是玛丽·瓦西列夫(Marie Vassilieff)(她的画室在缅因大道21号)、莫伊兹·基斯灵(Moïse Kisling)、安德烈·萨尔蒙和阿米德·莫迪利亚尼(Amedeo Modigliani)。[1] 当回忆起与另外两个喜爱的人组成的洗衣船三人组时,马克斯写道:

> 我的两个好友不是知识分子。毕加索是正宗西班牙人并且太完整。阿波利奈尔是正宗的意大利人以至于不能把他称为知识分子。他是一个后天学成的骑士般的绅士。阿波利奈尔和毕加索从来就不是老蒙马特人。阿波利奈尔把蒙马特说成"蒙摩尔德"。我们必须了解并记住这一点。[2]

通过马克斯的眼睛去看毕加索既受启发又感觉痛苦。马克斯描述过毕加索的口袋。毕加索口袋里装的东西是充足的

---

[1] Chevrière and Seckel, *Max Jacob et Picasso*, pp. 221-2.
[2] *Ibid.*, p. 287.

第五章　诗歌立体主义

毕加索档案的前奏曲,已经容纳了浩瀚的往事:

> 他的口袋简直和迷宫一样!从立体主义城堡各处出发,还有戴在一头硬发上的帽子……首先是他的转轮手枪,一个铜护身符(马克斯在上边刻着涂鸦,毕加索总是带着),他的手帕,一两个行李标签,还有他的烟斗!一沓杂乱而肮脏的信件!一张明信片与调色板!洒在口袋里的烟草!一包从开口处对面打开的像信封的烟草!一两张用过的地铁票,一些毕加索叫作"小纸条"的正式收据,例如邮局收据、聚会请柬和一些零钱。[1]

马克斯从一开始就担心毕加索的飞扬跋扈对他的影响,担心毕加索因为有了女人,"马克斯就要容忍或者走开"。从原则上马克斯对容忍和走开都不能接受。然而马克斯当然实际上容忍了费尔南德和伊娃,尽管他的种种担心依然存在。后来在 1937 年,他很高兴地与毕加索一起在欢笑和泪水中欢度了新年。但随后他便认为毕加索在嘲笑他。同年 5 月在写给利亚纳·德·普吉(Liane de Pougy)的信中马克斯宣称:

---

[1] Chevrière and Seckel, *Max Jacob et Picasso*, p. 262.

"我成了孤家寡人。"他描述了他们20世纪开始15年中的关系。他说这种关系是出于一种崇敬。因为他讲到了那些"具有意义的帽子、烟斗和转轮手枪的故事,这一切对于我们似乎是别致和天才的顶点,只能通过模仿毕加索才能达到"。毕加索仍然是他的英雄。

> 我们之间纯洁的爱最主要是对不必要的东西不屑一顾。我们不再喜欢展示画技的艺术。我们需要明确或不太明确用更简练的词语说我们不得不说的。请注意这个时期的诗词越来越简短,就像立体主义绘画作品一样,用少量的线条来表达一个形状。[1]

毕加索会给马克斯寄钱(赞美毕加索的好心);马克斯写信给萨尔蒙表示他们欠毕加索很多的情("我们不知道是什么,但很多")。他反复向所有的人打听他的画家朋友的消息。毕加索从来没有给他写过信。"当我就在毕加索眼前时,他却对我熟视无睹。"[2] 1941年法国被德国占领,马克斯被逮捕后

---

[1] Jacob, *Correspondances*, p. 246.
[2] Jacob, *Correspondances*, p. 262.

第五章 诗歌立体主义

关在德朗西集中营。毕加索为他所作的画像就放在他的桌子上。让·科克托在写给德国占领军当局的信中这样说道：

> 如果这不是赘述，我认为他是一个伟大的诗人。你不得不承认他是一个诗人，因为诗歌就与他的躯体同在，从他身体流泻而出，通过他的手，不管他是否愿意便跃然纸上。与毕加索一道，他创造了比我们高明而且表达更深刻含义的语言。
>
> 他是这场非凡的马上长枪比武中的行吟诗人，而毕加索、马蒂斯、布拉克、德朗和基里科（Chirico）则向着有闪亮条纹的盾牌冲击。
>
> 又及：他已经是一个有二十年教龄的天主教徒了。[1]

1944年3月5日马克斯在德朗西集中营去世。毕加索、萨尔蒙、德朗、布拉克、勒韦迪和艾吕雅等诗人和画家参加了他的安魂弥撒。同年10月服装设计师和社交人物比比·贝拉尔（Bébé Bérard）穿着一条马克斯穿过的裤子参加晚宴。也许是因为一种错位的骄傲，他告诉了毕加索。毕加索恐惧

---

[1] Chevrière and Seckel, *Max Jacob et Picasso*, p. 274.

地大呼:"无礼到了极点!"然后摔门离去。当米歇尔·莱里斯11月3日在马斯林剧场朗诵《马克斯·雅各布颂》时,科克托和毕加索也在场。毕加索主持了"马克斯·雅各布之友"聚会,就像之前他不想加入纪尧姆·阿波利奈尔的治丧委员会一样坚决。传说、演绎和各种看法认为,毕加索1921年著名杰作《三个音乐家》暗示了这是他与两个立体主义诗人朋友在一起——阿波利奈尔和马克斯·雅各布。从这幅画中梅耶·夏皮罗听到爵士乐的因素,其他人则对其中的戏剧效果感到悲伤。这幅画表现了立体主义的复杂性。

立体主义运动于1914年走到了终点。这一运动终结的主要原因是第一次世界大战的爆发、地方性的限制和参加人数的减少。立体主义运动终结的一刻发生在8月2日布拉克和德朗从阿维尼翁火车站离开的那一天。在车站上,毕加索与他的朋友和立体主义共同兴奋的时刻道别。当毕加索说"我们再没有相会"时,当然他所要表达的是第一次世界大战后所有的一切都变为一股忧郁悲伤的社会潮流。[1]

---

[1] Kenneth E. Silver, *Esprit de Corps: The Art of the Parisian Avant-Garde and the first World War, 1914-1925* (Princeton, NJ, 1989), p. 3.

第六章　俄罗斯芭蕾舞团

重要的是去做，没有其他，什么结果都可以。[1]

　　　　　　　　　　　　　　萨巴尔蒂斯引自毕加索

　　火车站送别之后，在阿维尼翁的毕加索似乎萌生了一种被抛弃的感觉。从火车站回去的感受就如同成为一个不合时宜的外国人一样——一种住在米迪的塞尚式的与世隔绝。[2]在对塞尚未完成作品的研究中，肯尼斯·西尔弗（Kenneth Silver）就认为塞尚与那个时期未完成的《画家与他的模特》一样从公众视线中消失了。此后不久，从马克斯·雅各布和安布鲁瓦兹·沃拉尔对毕加索的写实描述中可以看出，毕加

---

[1] Dore Ashton, ed., *Picasso on Art: A Selection of Views* (New York, 1972), p. 38.

[2] Kenneth E. Silver, *Esprit de Corps: The Art of the Parisian Avant-Garde and the First World War, 1914-1925* (Princeton, NJ, 1989), p. 68.

索很快开始"同时降低对画风的追求并提高作画的技巧"。他放弃追逐古斯塔夫·库尔贝(Courbet)和保罗·塞尚而转去效法极端保守的安格尔。[1] 毕加索再一次展示了他可以做任何事。他可以是最超前的也可以是最古典的。难怪毕加索引起了人们对他"名利主义"和一些更严重的指责。

1915"恐怖的一年"年底,毕加索离开蒙帕纳斯搬到了巴黎南郊的蒙鲁日。这时,布拉克在第一次世界大战中头部负伤;毕加索深爱着的伊娃·古埃尔挣扎在死亡线上(她于12月14日去世);巴黎充斥着排外的情绪;他的画商保罗·罗森伯格(Paul Rosenberg)被从巴黎放逐。在这一情绪低落的时刻,毕加索1915年晚些时候通过作曲家埃德加·瓦雷兹(Edgar Varèse)认识了非常布尔乔亚的让·科克托。关于这次会面和会面的气氛科克托写道:

> 当时有两条战线,一个是战争前线,一个是在巴黎,也可以被称为蒙帕纳斯前线……我在那里认识的所有人都在帮助我从右岸[2]摆脱出来……我正在进入一种

---

[1] Silver, *Esprit de Corps*, p. 71.
[2] 巴黎右岸,意为上流社会。——译者注

第六章　俄罗斯芭蕾舞团

毕加索和让·科克托，1958年。

令人激动的生活。我在向毕加索、莫迪利亚尼、萨蒂靠拢……毕加索立即把我当成了朋友，还带我去结交了很多流派的人物。他把我介绍给画家和诗人……那时没有政治牵涉其中，没有政治上的左派和右派，只有艺术上的左右之分。我们充满了艺术爱国主义。[1]

巴黎分为塞纳河左岸和右岸，我们从字面就能理解。这时还有以其风格和丑闻忽左忽右的迪亚基列夫。1916年晚

---

[1] Silver, *Esprit de Corps*, p. 108.

春，通过科克托的介绍迪亚基列夫的俄罗斯芭蕾团与毕加索的立体主义相遇了。

这一年，《阿维尼翁的少女》终于在安德烈·萨尔蒙的促使下在秋天沙龙展出。也在这一年，达达主义者雨果·鲍尔（Hugo Ball）的被看作超现实主义基地的"伏尔泰酒店"在苏黎世开张。这一年，由三位超现实主义运动创始人主编的《文学》杂志第一期出版发行并很快于1923年流传到巴黎。杂志上文章的标题《去读那些鸡毛蒜皮的小事吧》很具有讽刺意味。之后《文学》杂志接着发表了《床和鸡毛蒜皮的小事》。之后就是科克托—毕加索的连带关系。许多毕加索评论家把毕加索与他前期作品相比肤浅而缺乏创造力归罪于俄罗斯芭蕾舞团。依照这个观点，科克托被认为是罪魁祸首。

马克斯·雅各布总是密切关注毕加索和毕加索的那些逢迎者。他对科克托的那种优雅、潇洒和自在极其怀疑。他喜欢描述科克托如何伤害毕加索。马克斯给毕加索一次又一次送去大大小小的礼物而且不断给他写信。科克托有着"凹陷并且染红了的双颊，高高的额头上是厚厚的深色卷发，一双黑色的大眼睛。他总是衣着优雅，在嘴唇上涂上唇膏来加强与肤色的对比"。这是尼因斯基（Nijinsky）对科克托的描述。

第六章　俄罗斯芭蕾舞团

尼因斯基询问她兄弟有关科克托化妆的事情，她说："很具有巴黎风尚。他建议我也如此……把我的双颊和嘴唇染红。这就是诗人让·科克托。"[1] 毋庸赘述，毕加索把科克托看作是一个创作主题并且最终为他作了画像。起码可以说科克托的那种悠闲自在从未在马克斯·雅各布身上产生任何影响，尤其是在做派、衣着和生活方式上两人形成了鲜明的对照。科克托与博蒙（Beaumont）伯爵（与雷蒙德·拉迪盖小说《欧杰尔伯爵的舞会》中人物同名）都穿丝绸睡衣戴金脚链。第一次世界大战中两人都欣然在医护部队服役，因为救护车上有淋浴并且当救护兵很时髦。马克斯知道上帝喜欢什么不喜欢什么，他抱怨说："上帝厌恶科克托。"[2]

总之，毕加索不这样认为。科克托说与毕加索会面是"我一生中最伟大的邂逅"。[3] 他每次与毕加索相处就感觉是在"充电"。科克托带迪亚基列夫去了毕加索的工作室。这次会面是毕加索和迪亚基列夫的富丽堂皇的俄罗斯芭蕾舞团多个芭蕾舞剧合作的开端。俄罗斯芭蕾舞团于1909年首次

---

[1] John Richardson, *A Life of Picasso* (London, 1996), vol. II, p. 181.

[2] Letter from Jacob to Jacques Maritain, Patrick O'Brian, *Pablo Ruiz Picasso* (New York, 1976), p. 219.

[3] Richardson, *Life of Picasso*, vol. II, p. 380.

毕加索

谢尔盖·迪亚基列夫素描，
毕加索，c.1919。

来到巴黎演出，之后1920年再次来到巴黎。

马塞尔·普鲁斯特在谈论尼因斯基在《山鲁佐德》一剧死亡中最后痛苦挣扎的表演时说："我从来没有看到过如此美丽的演出。"[1] 很明显普鲁斯特和毕加索对死亡的主题有着不同的观点。其他受到欢迎的精彩演出有《玫瑰精灵》《仙

---

[1] Jean-Yves Tadié, *Marcel Proust: A Life*, trans. Euan Camercon (New York, 2000), p. 76.

第六章 俄罗斯芭蕾舞团

女》、雷纳多·哈恩的《蓝色之神》,当然还有尼因斯基在德彪西作曲的《牧神午后》中扮演的精彩角色。《牧神午后》长诗的作者斯特凡·马拉美(Stéphane Mallarmé)告诉德彪西他已经把诗写成了乐曲。

有一次,科克托说服毕加索陪他来到了罗马。在两人与迪亚基列夫和俄罗斯芭蕾舞团合作仅仅一次之后,他已经逐渐成为毕加索的终身好友。他确实最终也成为毕加索的密友。科克托对毕加索的情感从未减弱,相反他对毕加索也一直具有吸引力。科克托的许多信件也能看出他对"我们一起合作"的激动心情。从毕加索晚年许多照片中也可以看到两人一起参加政治集会和观看斗牛。超现实主义艺术家对科克托并无好感。但毕加索与这些所谓"不太重要的"超现实主义艺术家一样有自主权,不属于哪个派别,不受任何人的好恶支配。

现在,回到我们的故事。1917年科克托和毕加索在拜访格特鲁德·斯坦之后(她回忆优雅年轻的科克托的手随便地搭在他的画家朋友的肩膀上)启程去罗马与迪亚基列夫一道开始了与俄罗斯芭蕾舞团的合作。毕加索为俄罗斯芭蕾舞团设计了服装和舞台布景;埃里克·萨蒂作曲、科克托写了剧本。剧情是关于一个先锋派剧团试图用别出心裁的欢庆游行来吸引呆滞的人们的兴趣。可爱而具有魅力的米茜雅·赛特（Misia Sert）时常陪伴着迪亚基列夫，并把迪亚基列夫介绍给萨蒂。但是科克托说米茜雅·赛特臆想《欢庆游行》是她的主意。萨蒂说米茜雅·赛特是个贱妇。但在那时，毕加索身边的这些人也都还能和睦相处。

许多评论家为毕加索屈服于迪亚基列夫的愿望选择退出先锋派运动转而为布尔乔亚文化的"行家"去创作精彩的场景而叹惜。科克托嘲笑这个看法，宣称对立体主义艺术家来说，唯一可能的旅程[1]就是乘坐巴黎地铁从北到南（从蒙马特到蒙帕纳斯的旅程对立体主义具有极其重要的意义。勒韦迪的立体主义杂志《北-南》就足够证明这一点）。总之，《欢庆游行》中的戏装给人以立体主义的感觉，以至于阿尔弗雷德·巴尔认为该剧被"立体主义主导"，因为硬纸板制作的巨大的舞台场景下舞蹈演员显得非常纤小。事实情况也确实如此。毕加索设计的舞台布景前的帷幕就是新古典主义风格。帷幕上有意大利即兴喜剧中的丑角、穿着牧羊女戏装的两个女子，等等，看上去是一个让人开心的马戏团。该剧的舞台设计实际上基于那不勒斯流派画家阿基利·维亚内里

---

[1]　"文化"旅程。——译者注

第六章 俄罗斯芭蕾舞团

毕加索为埃里克·萨蒂1917年芭蕾舞剧《欢庆游行》"美国经纪人"设计的戏装。

(Achille Vianelli)的《酒馆》,而且还具有拉丁文化派生的感觉。毕加索舞台设计的灵感就是从他在那不勒斯看到的《酒馆》复制品和让-安东尼·华多(Watteau)的许多作品中而来。但是科克托错误判断了阿波利奈尔评价该剧所说的"新精神"气氛。阿波利奈尔认为《欢庆游行》能够作为超现实主义的一个样板。阿波利奈尔的所谓"样板"似乎意味着一种法国古典化和法国文化支配的含义。(1918年，就在阿波利奈尔去世之前，他还是鼓励他的好友毕加索创作类似普桑那种具有法国古典风格的大幅作品。事实上毕加索的新古典主义人物画响应了阿波利奈尔的鼓励。)

当毕加索从罗马给阿波利奈尔寄明信片时，他的密友布莱兹·桑德拉尔给毕加索通报了有关巴黎的新闻。1917年3月或4月，桑德拉尔从他和每个人都钟爱着的、充满理智活力的巴黎给毕加索寄去了一份实时通讯：

> "北－南"[想必是指地铁和与巴黎地铁同名的杂志《北－南》]在蒙帕纳斯和蒙马特之间来来往往。他们在日耳曼大道200号纪念保罗·魏尔伦（Verlaine）两百周年诞辰。[1]他们在花神咖啡馆头上戴一顶啤酒沫做的凡人王冠打扮自己。阿波利奈尔星期二在花神咖啡馆包场。他们喊着：打到立体主义！立体主义万岁！白痴万岁！英雄体诗！[2]

---

[1] 原文如此。保罗·魏尔兰1844年出生，1896年逝世。意为颓废主义运动逝世，讽意。——译者注

[2] *Les Archives de Picasso* (Paris, 2003), p. 220.

第六章 俄罗斯芭蕾舞团

伊戈尔·斯特拉文斯基（Igor Stravinsky），1920，铅笔、炭笔。

扶手椅中的奥尔加·毕加索，1917，帆布油画。

在罗马八个星期的时间里，毕加索在马格塔街租了一间画室。当然他多次会晤了迪亚基列夫、莱奥尼德·马辛（Léonide Massine）、伊戈尔·斯特拉文斯基和莱昂·巴克斯特（Léon Bakst）。他和斯特拉文斯基一起参观博物馆；他与剧中的一个演员奥尔加·柯克洛娃坠入了爱河。斯特拉文斯基第一次在罗马见到毕加索就宣称："我立即就喜欢上他直白冷漠的语气和带有西班牙口音的发音,'他还不是个音乐家;他一点都不懂音乐,'似乎他对所说的一切都很认真。"[1]

科克托给住在罗马俄罗斯饭店的毕加索写信抱怨他住的完全没有暖气的冰川纪公寓。他穿着粉红色的睡衣、吃着梅子酱、书写如何向往迪亚基列夫能够创造的那种梦想。他喜欢讲述对他和毕加索合作过的芭蕾舞剧《欢庆游行》的正面评论,喜欢让毕加索及时了解到当前的情况以及两人共同朋友的近况。

> 我准备去见阿波利奈尔。或许他具备我需要的那种心理平衡。你具有这一品质,正因为如此我才深深地爱你。让一匹暴烈的骏马跑得很快很远不难,难的是把智慧发挥到勇敢的最大极限。[2]

随着时间的推移,各种纠纷发生了。就可能预料的"邪恶的操纵和阴谋"而言,科克托认为这是迪亚基列夫的"犹

---

[1] Elizabeth Cowling, *Picasso: Style and Meaning* (London, 2002), p. 334.
[2] Unpublished letter, Archives Picasso, 18 April 1917.

第六章　俄罗斯芭蕾舞团

太觉羽"和与之充分混合的情感主义在作怪。科克托设想了对他和毕加索来说公正的报复方式。那就是毕加索的暴躁性情反之会为"美国管理主义"提供一个理想的地狱。他告诉毕加索，因为阿波利奈尔对《欢庆游行》中现实主义因素和主题的热情，他会对我们有所帮助。科克托以他个人的爱好认为埃里克·萨蒂的管弦乐配器是"杰作"，但他认为迪亚基列夫和作曲家安塞梅（Ansermet）可能会觉得该剧"空洞、愚蠢和庸俗"。

科克托对任何事都是以自己为重。

> 假如迪亚基列夫认识到《欢庆游行》对我来说象征着什么、我如何看重它、我们在罗马寄居异地意味着什么，等等，他就会明白他的作为是如何的口蜜腹剑，然后立即倒地而毙。可怜的家伙！[1]

毕加索为科克托的情人雷蒙·拉迪盖（Raymond Radiguet）的由 NRF（国家零售联盟）出版发行的诗集以石版画的方式作了前言。作为一种交换，科克托应该为由法国 Stock 出版

---

[1] Unpublished letter, Archives Picasso, 17 April 1917.

公司发行的毕加索的书写前言。但是，哎呀！看看他那个忸怩踌躇的样子："让我来评论您！没有资料也没有人告诉我要说些什么！只是一个新构想！给我一些勇气！尽快写信告诉我！"到了9月，科克托完成了前言的大部分。他对所作前言的看法是内容不应受纯框架限制，不添加任何经院哲学和卖弄学问的色彩。"我拒绝任何传记性的评介掺和进来。除了给出时间以外没有其他。"[1]

科克托对毕加索的崇拜从来没有动摇过。你的照片太精彩了！这个大马屁精说：你如此上镜，如此伟岸、尊贵。科克托在巴塞罗那时去了毕加索家。他发现毕加索的妹妹也有女王的气质。很显然，所有的宫廷形象对这个宫廷侍臣都很有吸引力。他还热心于为这个西班牙人筹划各种事情，比如给毕加索安排西班牙舞女。（约翰·理查森认为，毕加索是在马克斯·雅各布失宠之后把让·科克托扶上了宫廷弄臣的正位。马克斯由于在参加伊娃葬礼路上的行为而引起毕加索的厌恶。）

科克托的所有言辞也恰恰适合那种"宫廷模式"。他称呼毕加索"亲爱瑰丽的""亲爱的主人""亲爱的大师"或是

---

[1] Unpublished letter, Archives Picasso, 10 September 1923.

第六章　俄罗斯芭蕾舞团

"大师，亲爱的"。例如，摄影家让·哈罗德（Jean Harold）在位于拉马克大道8号的工作室为毕加索制作了摄影蒙太奇（哈罗德以委拉斯开兹的油画《公主》或者是《教皇英诺森十世》的构图为蓝本为毕加索拍照。科克托说，太逼真了，我可以看见从上面升起的白烟，难以置信的形象，越不可能越好）。科克托在1954年2月3日的信中写道："你的天才无论何时都在每个层次展现出来。分给我一点吧！"他竟然在信中还说他想要亲吻展出毕加索画作的博物馆的墙壁。

至少科克托对毕加索的忠诚坚定不移。然而毕加索喜欢改变画法，在多种装扮和多种场合中都喜欢以多样化为乐。与克莱夫·贝尔在一起，毕加索喜欢装扮成西班牙舞者（克莱夫的朋友芭芭拉·巴格纳尔［Barbara Bagenal］在1959年为毕加索拍的照片就是一个滑稽的见证），与其他人在一起就装扮成其他人物。科克托以他自己的戏剧化意念很显然喜爱拍摄化了装的男人。他给过毕加索一张弗洛伊德拿着一把扇子注视着一个舞者的照片。科克托尤其喜欢他的情人让·马雷（Jean Marais）装扮成公牛的照片。宫廷和斗牛场的概念似乎特别适合彼此，但科克托说看斗牛缺了毕加索和杰奎琳是悲哀的，甚至穿着最好的犬牙织布纹的衣服与道格拉斯·库珀（Douglas Cooper）去也没有这种感觉。[1]

在科克托去世后的岁月里，就像他活着的时候那样，评论界两派对他都有热烈的评述。比如伊丽莎白·考林叙述道："让·科克托生前激起同等程度的爱和憎恨、赞赏和鄙视。他死后直到今天仍然是一个充满争议的人物。"[2] 人们对他有些个人崇拜，就像对毕加索一样。雅克－埃米尔·布兰奇在写给他的朋友保罗·莫兰德（Paul Morand）的信中说：

> 科克托是有阶段性的，而且是循环的。我记得六年前的安娜·德·诺瓦耶（Anna de Noailles）阶段。我们都爱安娜。让如此不厌其烦大谈特谈安娜，以至于连安娜本人都无法忍受再听到科克托说她的名字！现在是毕加索阶段。我在巴塞罗那见过毕加索的朋友，所以对他了解了很多。在那种蒙马特玩世不恭的烟雾下，他实际上是个善于利用人的聪明家伙。他也利用过科克托。[3]

事实上，当然这两个人是在相互充分利用对方。

---

[1] Unpublished letter, Archives Picasso, no date.
[2] Cowling, *Picasso*, p. 330.
[3] *Ibid.*, p. 331.

第六章 俄罗斯芭蕾舞团

两人以向对方介绍各自的个人关系的方式互相帮助的事主要发生在巴黎。科克托把迪亚基列夫带到毕加索的画室结识了毕加索。毕加索则把作曲家埃里克·萨蒂、诗人布莱兹·桑德拉尔和波利尼亚克（Polignac）公主带到格特鲁德·斯坦家中与科克托见面。格特鲁德一直是毕加索的崇拜者和支持者。（有一天马塞尔·普鲁斯特拜访斯坦，正好碰到斯坦打开毕加索的立体主义画作。斯坦描绘这些画恰似"被天堂恩典一样被艺术施以恩典……在充满了立体主义绘画的房间，一位立体派画家只是为这些画而活着，反过来这些画也只是为他而活着。"）[1] 普鲁斯特非常崇拜毕加索，把毕加索的画作与法国驰名的洞穴壁画相提并论。他在为雅克-埃米尔·布兰奇所著《从大卫到德加》所作的前言中提到过"伟大和值得人们崇敬的毕加索"。[2]

1916年阿波利奈尔发表了《被暗杀的诗人》。诗中的艺术家"贝宁鸟"原型是毕加索。故事讲述一个诗人死后，这个艺术家"把这位死去的诗人像'神从无中'一样塑造成一个硕大的雕像，如同诗歌和荣耀的产生那样"。那一年人们

---

[1] Pierre Daix, *Picasso: Life and Art*, trans. Olivia Emmet (London, 1994), p. 172.

[2] Daix, *Picasso*, p. 172.

为阿波利奈尔举办了庆祝宴会。盛宴使人回忆起费尔南德和毕加索在1908年为亨利·卢梭举办的庆祝会。毕加索往往是这类聚会的中心人物。就像在"四只猫咖啡馆"文学沙龙召集起朋友那个年代,毕加索为他们安排聚会(有时是安排婚姻),通常他也是与社交圈相似的艺术家集会的中心人物。

毕加索可以应对他想要应对的社会的各个阶层。就像上流社会都崇尚拟人剧一样,俄罗斯芭蕾舞团的富豪赞助人艾蒂安·德·博蒙(Etienne de Beaumont)伯爵也特别喜欢拟人剧。其重点是他们认为拟人剧中的"舞台造型"像各种神话的表现形式和"通用字母表"一样,只有舞台造型才是浅显易懂、能够让每个人都能理解的解析人类的途径。但是《欢庆游行》的舞台设计与这个观点截然相反。像弗兰克·盖里(Frank Gehry)1917年的结构主义建筑设计一样,毕加索设计的巨大的硬纸板人物疯狂叉开肢体向四面伸张开来。毕加索的创作可以认为是绘画和雕塑的绝妙结合。约翰·理查森说:"毕加索灵活运用立体主义因素对抗比喻因素的方式使《欢庆游行》产生了巨大的活力。"[1] 总之,《欢庆游行》

---

[1] Richardson, *Life of Picasso*, vol. II, p. 422.

第六章 俄罗斯芭蕾舞团

中的服装给人以立体主义的感觉,以至于阿尔弗雷德·巴尔认为该剧被"立体主义所主导",硬纸板制作的巨大舞台场景下的演员显得非常纤小。科克托评论说:"毕加索之前舞台装饰在剧中没有什么作用,只不过存在于舞台上而已。"[1]所谓毕加索背离先锋派不过如此:尽管有了一些变化,与迪亚基列夫合作的创作完全是毕加索的构思,俄罗斯芭蕾舞团的布尔乔亚观众丝毫没有影响到毕加索自己的品味。(奥尔加喜怒无常的性情和选择生活方式是另一个问题。但那也没有持续下去。)

《欢庆游行》于 1917 年在夏特雷剧院上演。阿波利奈尔写的剧目介绍称颂了该剧的"超级 - 现实主义"(超现实主义这一称呼的公认来源)。愤慨的观众(那时在墨守成规的巴黎是很一件容易发生的事情)开始吹口哨喝倒彩并叫喊着"肮脏的德国佬"(据推测是由于毕加索与他的画商康维勒和其他德国朋友的关系所致)。直到毕加索逃离包厢、由于作战负伤而接受头部钻孔治疗后缠着绷带的阿波利奈尔站了起来,观众才安静下来。(当《欢庆游行》1921 年在巴黎重演

---

[1] Daix, *Picasso*, p. 155.

时观众为之欢呼。)[1]之后俄罗斯芭蕾舞团到马德里演出；6月在巴塞罗那里奥西大剧院演出并受到欢迎。这时毕加索为了和奥尔加在一起而跟随着芭蕾舞团。在巴塞罗那的米格尔·乌特里略和其他人为毕加索举办了归国庆祝活动。俄罗斯芭蕾舞团于9月回到巴塞罗那，但这次演出极不成功。

这时，毕加索与奥尔加生活在一起。奥尔加喜欢参加各种社交生活。毕加索也开始涉足于巴黎的上流社会。他经常穿着正装出席晚宴。但最终毕加索开始对戏剧界和社交活动感到厌倦。毕加索这个阶段的生活方式可以看作是他扮演的众多角色其中之一。约翰·理查森在谈到毕加索的这一阶段和"令人窒息和体面的"奥尔加时回忆说：

> 一个女人通过婚姻的途径而布尔乔亚化，她除了愚蠢和不可救药的冒失之外，还可以昏头昏脑和嫉妒到精神失常的程度……就像毕加索对他妻子的爱与他采纳新古典主义是平行的一样，他对她的恨也与他摒弃新古典主义并行。[2]

---

[1] Silver, *Esprit de Corps*, pp. 119-26.

[2] Richardson, *Life of Picasso*, vol. II, p. 432.

第六章 俄罗斯芭蕾舞团

负伤的纪尧姆·阿波利奈尔，1916，铅笔画。

毕加索"在一定时间里会热烈地、占有式地爱她。然后以他特有的厌女方式从爱变为仇恨"。所以毕加索给我们留下了他的风格，那种人格和作品。

1918年可以说是喜结良缘的一年。毕加索和安布鲁瓦兹·沃拉尔是阿波利奈尔和杰奎琳·科尔布（Jacqueline Kolb）婚礼上的证婚人。7月12日毕加索和奥尔加在达鲁街的俄罗斯东正教教堂举行婚礼。阿波利奈尔、科克托和马克斯·雅各布是证婚人。他们在圣亚历山大·涅夫斯基教堂在毕加索和奥尔加头顶上为他们举起了花冠。两人在埃拉苏里斯（Errazuriz）女士位于法国南部比亚里兹的米莫索拉耶别墅度过了蜜月。毕加索通过科克托结识了奥尔加并在奥尔加的家里第一次见到了他的画商里昂斯和保罗·罗森伯格兄弟二人。奥尔加是米茜雅·赛特圈子里的人物，也是博蒙伯爵和波利尼亚克公主圈子里的人物，还是伊戈尔·斯特拉文斯基、阿图尔·鲁宾斯坦（Artur Rubenstein）和布莱兹·桑德拉尔的朋友。她雍容的社交风格和慷慨大方摆平了许多矛盾。她特别喜欢毕加索并给过他很多帮助。可惜的是在1930年以后，像马克斯·雅各布和其他几个人一样，奥尔加生活窘迫，因而不得不出售毕加索送给她的画。

11月中旬，毕加索和奥尔加从康维勒为他在克里希林荫道找到的公寓搬到了保罗·罗森伯格为他们在博埃蒂大街23号安排的公寓。毕加索不得不重新找经纪人。因为康维勒是德国人，战争爆发时他还在意大利，战争爆发后被禁止进入法国。并且他在巴黎画廊的财产被政府查封，以至于他不能给毕加索的最后一批画付款。毕加索异常愤怒。这笔债务直到1923年才了结。罗森伯格成为毕加索的新经纪人，他的画廊就在毕加索住所的隔壁。在这里，毕加索在博埃蒂大街住所楼上的画室成为他的庇护所。只有少数几个值得

第六章　俄罗斯芭蕾舞团

交往的朋友才被邀请到这里来。如同毕加索在洗衣船的朋友圈一样，尽管这时的朋友事实上在那时还没有出现。帕特里克·奥布莱恩（Patrick O'Brian）对此有著名的描述：让·科克托、埃里克·萨蒂和克莱夫·贝尔都"穿着鞋罩一本正经地坐在那里。儒雅而不安，坐在椅子上的这几个人像保持平衡一样坐在画室中一个古怪的深台阶的边缘。"除了一把从镜子里反射出来的小提琴，画面中看不到毕加索的影子。"在那个整洁但不舒适的公寓里，每个角落都一尘不染。"[1]

也是在11月份，阿波利奈尔因患西班牙流感住院治疗。他是毕加索崇敬的朋友。他为博埃蒂大街118号保罗·纪尧姆画廊举办的闻名于世的"马蒂斯－毕加索画展"写了目录介绍。阿波利奈尔在停战协定签署的前两天去世。他的去世深深地震惊了许多作家、诗人和画家。阿波利奈尔始终存于毕加索的脑海中。毕加索甚至在弥留之际还在与这位最伟大的立体主义诗人交谈。阿波利奈尔也恰恰是因为"对话诗"而闻名。像《克里斯蒂大街的星期一》一样，我们在无意之间听到了他通过简洁的文字方式转录下来的真实生活场景。

---

[1] O'Brian, *Pablo Ruiz Picasso*, p. 237.

毕加索和阿波利奈尔之间往往是含蓄的对话似乎一贯严肃真诚。但对毕加索来说对话却不总是这样。他永不间断地借用意大利即兴喜剧中的人物,比如小丑皮耶罗和丑角。这些角色出现在毕加索早期作品中,现在又出现了。这个事实使我们认识到,或许毕加索与他的社会角色保持着一定的距离——一个永远的游戏者。丑角处在与生死等同的距离,身上一件拼凑起来的外衣将生和死连接起来。尽管这个连接不是那么紧密,但还是表现在许多传统、各个时代和不同的风俗习惯中。当然,这种生死的连接也表现在拼贴画中。对毕加索来说,小丑是一个完美的角色,总是在漂移和变化之中。在四只猫咖啡馆时期,青年毕加索就已经被大众戏剧所吸引。所以回到小丑形象也是回到了他的根基。

1922年5月18日,在伊戈尔·斯特拉文斯基的《狐狸》上演后,悉尼·希夫斯(Sydney Schiffs)为此在巴黎"雄伟酒店"举办了庆祝招待会。在招待会上毕加索遇见了普鲁斯特和乔伊斯,但他们会面的细节没有特别的记载。或者说这是一个双方缺乏理解的会见。乔伊斯从普鲁斯特身上看不到什么才华。传说普鲁斯特曾说:"很抱歉我压根不知道乔伊斯先生的著作。"希夫斯甚至建议普鲁斯特请毕加索为他画像:

第六章　俄罗斯芭蕾舞团

"就是一幅画，一个小时就够了。"[1] 另一方面普鲁斯特被俄罗斯芭蕾舞团的精彩演出所带来的愉悦和兴奋所折服，特别是尼因斯基的表演。这也并不奇怪。但是普鲁斯特对毕加索的看法却截然不同。1917年，他在给瓦尔特·贝里（Walter Berry）的信中把史前洞穴壁画与毕加索的作品相提并论。后来他写信给他的朋友、《从大卫到德加》的作者雅克－埃米尔·布兰奇时说"伟大可敬的毕加索把科克托所有的特征都压缩在一幅华美逼真的画像中。当我注视这幅画的时候，甚至最令人陶醉的收藏于威尼斯卡尔巴乔（Carpaccios）的作品在我的记忆中趋于次席。"[2]

1919年科克托发表了《毕加索颂歌》，当然这种敬意并不十分细腻。布莱兹·桑德拉尔发表了和立体主义的告别书《为什么立体在解体》。这一年毕加索去伦敦为俄罗斯芭蕾舞团将在阿尔罕布拉剧院上演的芭蕾舞剧《三角帽》设计别出心裁的舞台布景和剧装。《三角帽》的舞蹈设计是马辛，作曲是曼努埃尔·德·法拉（Manuel de Falla）。剧情取自佩德罗·德·阿拉尔孔（Pedro de Alarcón）的小说《帽子的三

---

[1]　Tadié, *Marcel Proust*, p. 693.

[2]　O'Brian, *Pablo Ruiz Picasso*, p. 254.

个角》。毕加索设计了观众从包厢看"拖曳"（将死在斗牛场里的公牛清理出去），一对男女在左边，三个女子在右边，一个卖橘子的小贩站在中间，舞台前景摆着一瓶雪莉酒的场景，很有西班牙韵味。这一年毕加索还为法国 Au Sans Parceil 出版社出版的路易·阿拉贡（Louis Aragon）的超现实主义诗集《欢乐之火》创作了封面插画。他还和奥尔加前往圣哈菲尔度假。毕加索一直喜欢去海边度假，几乎每年都去，而且每次身边都有这样那样的女人或女人们、孩子或孩子们陪伴着他。同年他还为新芭蕾舞剧《普尔钦奈拉》设计了舞台布景和服装。让毕加索惊奇的是这次迪亚基列夫否决了毕加索的设计草稿，认为毕加索的设计"过于现代"。通常毕加索对这类问题比较灵活，他对草稿进行了小的改动。

1920年1月18日，达达派艺术家特里斯唐·查拉(Tristan Tzara，萨米·罗森斯托克[Sami Rosenstock])从瑞士来到巴黎。从此达达主义在巴黎开始流行起来。《文学》杂志发表了查拉、马克斯·雅各布、阿拉贡、科克托和布勒东的诗作。后来布勒东成为超现实主义的领军人物。毕加索邀请马克斯去看芭蕾舞《三角帽》，但马克斯因车祸受伤。毕加索到医院看望过一次马克斯，以后数年两人便一直很少联系。由于在伊娃葬礼上的令人不愉快行为造成的两人之间的紧张

第六章 俄罗斯芭蕾舞团

关系现在变得更加紧张。如果我们了解毕加索的迷信性格，我们不会对此感到惊奇。毕加索害怕任何与死亡有关的话题和事情，他总是避开这些。毕加索还将阿波利奈尔纪念雕塑的头像换成多拉·玛尔的头像。一个牵强的解释就是，即使是最好的朋友毕加索也惧怕做任何事情来纪念。有一次，他雕塑了一个诗人朋友的雕像小样，但小样最终没有制成雕像。任何与死亡有关的话题都会引起他的不安和恐慌。所以他持续和意大利即兴喜剧中的小丑皮耶罗和丑角捆绑在一起，因为这两个角色对毕加索来说代表了一种生命而不是垂死。他还沉迷于神话人物之中，与奥尔加去胡安松林海岸度过暑期、然后总是在9月回到巴黎。

1921年伦敦雷切斯特画廊举办了毕加索画展。这次画展使英国文艺评论家克莱夫·贝尔完全改变了他对毕加索的看法。之前他曾说毕加索的作品不能给他激情。现在他认为毕加索确实是现代文艺运动的领袖。帕特里克·奥布莱恩在他的毕加索传记中记叙事实上贝尔曾经这样宣称：

> 我知道两个人绝对和确定无疑的才华横溢。其中一个就是毕加索……我很荣幸与很多具有聪颖才智的人成为朋友。梅纳德·凯恩斯（Maynard Keynes）是我

所遇到的最睿智的人。其他人还有罗杰·弗里（Roger Fry）、利顿·斯特雷奇（Lytton Strachey）、雷蒙德·莫蒂默（Raymond Mortimer）和让·科克托。但没有人一个能施展出我要描述的法术。非常睿智的人和不太聪颖的人之间的区别，用我和罗杰举例，是聪颖的程度而不是种类……然而弗吉尼亚·伍尔芙和毕加索属于另外一种人。他们是人类社会已经灭绝了的族类。他们思维的方式与我们不同。我们完全不明白他们到达彼岸的途径是什么。[1]

早在1911年，克莱夫和他的画家妻子瓦妮莎·贝尔（Vanessa Bell）就买下了毕加索1907年的静物画《水罐、碗和柠檬》（下落不明）。瓦妮莎在出售这幅画的时候为查尔斯敦农庄制作了一件复制品。1919年他们和毕加索经常见面。当毕加索和俄罗斯芭蕾舞团一道来到伦敦后，克莱夫、梅纳德·凯恩斯和邓肯·格兰特（Duncan Grant）在戈登广场46号为毕加索和奥尔加举行了有四十多人参加的盛大宴会。克莱夫这样描述道："梅纳德、邓肯、两位女佣和我负责招待

---

[1] O'Brian, *Pablo Ruiz Picasso*, p. 383.

第六章 俄罗斯芭蕾舞团

他们……我们把两张长餐桌连接起来。我们安排安塞梅坐在桌子的一端,利顿·斯特雷奇坐在另一端,这样他们的大胡子可以按同一节拍摇摆。"[1] 在英国,毕加索没有感到拘束。他多次向克莱夫寻求帮助。例如他请克莱夫帮助将巴塞罗那画家里卡多·卡纳尔斯介绍进入伦敦的艺术圈子并带他到处走动。里卡多·卡纳尔斯是毕加索在"四只猫咖啡馆"结识的,后来在巴黎生活。1920年2月25日,毕加索写给克莱夫的求助信最后一句这样写道:"你什么时候回到巴黎?我们等待着你的到来。"

当克莱夫在巴黎时,他就常常通过风动传送管给毕加索送"蓝色小纸条"[2] 告诉毕加索去拜会或赴晚宴的安排。有些时候克莱夫感到很犹豫。1920年他就记叙过他怀着打搅毕加索工作的内疚感上了楼梯。他解释说:"日间去拜访一个伟大的艺术家,我只能假定我一个小时的闲聊与他一小时的创作等值。你真不能想象这让我感觉有多么不安。"他反复地说他与毕加索之间的"闲聊天和你一小时的工作的交换"

---

[1] Mary Ann Caws with Sarah Bird Wright, *Bloomsbury and France: Art and Friend* (New York, 2000), p. 79, 引自 Micheal Holroyd, *Lytton Strachey: The New Biography* (London, 1994), p. 452。

[2] 法语蓝色小纸条意为电报。——译者注

是多么的"粗鲁无礼"。[1] 然而,他是毕加索与布鲁姆斯伯里[2]之间的桥梁。他可能告诉毕加索他的妻子和她喜爱的画家邓肯·格兰特多么喜欢《欢庆游行》。他可能给毕加索暗示他的情妇玛丽·哈钦森(Mary Hutchinson)或许能为毕加索作模特。[3] 在以后的年代里,克莱夫常常与芭芭拉·巴格纳尔一道去法国南部拜访毕加索。

的确就像毕加索自己说的,这位现代艺术运动的领袖需要孤寂的环境。他对实际创作的要求也只是如此。在一定程度上这也能解释他一生对待女人和他人的态度。他所喜爱的诗人们也同样懂得他们需要那种孤寂的环境。但他不得不与奥尔加一起出入的上流社会与他所需求的正好相反。博蒙伯爵夫妇曾在 1948 年写信小心翼翼地问毕加索会不会再与他们相聚。博蒙伯爵夫妇是通过科克托与杰拉尔德·墨菲(Gerald Murphy)和萨拉·墨菲(Sara Murphy)一起在 1923 年的一次上流社会聚会上认识毕加索的。变化、移位的毕加索既是那个社会的一部分,也不是那个社会的一部分,他绝

---

[1] 转引自 Caws and Wright, *Bloomsbury and France*, p. 82。

[2] 伦敦大学中心,意为毕加索与伦敦之间的桥梁或与布鲁姆斯伯里团体之间的桥梁。——译者注

[3] Caws and Wright, *Bloomsbury and France*, pp. 82-3.

第六章 俄罗斯芭蕾舞团

对与艺术家的孤寂不同。两者他都需要。

1923年,科克托在他的情人雷蒙·拉迪盖去世后从伦敦给毕加索写信说他思念毕加索。在最艰难的日子里,毕加索是他最好的榜样,毕加索了他在"巨大伤痛之后活下去的理由"。"毕加索,你是生命本身。如果我能见到你,我会好起来的。"[1] 一次又一次,像众多的人一样,科克托信赖毕加索。由于心理上着迷于流言蜚语,他对感情方面的事情异常敏感。他就对皮卡比亚(Picabia)编造的毕加索不再欣赏他的故事悲痛万分。

> 此刻我慎重地思量我对你整个友情的破灭,我以为没有什么能伤害我们的友情,但是……那些残酷的言语。你从不提起任何人,只关心我。我崇拜你,我会为你去死。没有了母亲,我会从窗户跳出去的。[2]

他哀求毕加索给《强势报》的编辑写一句话:

> 除了今晚感受到残忍的痛苦之外,我将受到巨大的

---

[1] Unpublished letter, Archives Picasso, (no specific date given).

[2] *Les Archives de Picasso*, p. 227.

伤害。我恳求你给《强势报》的编辑就写一句话来改变这一切。尽管这不是你的习惯。但为了维护我们公认的友谊,我请求你了——让 [1]

科克托把他与毕加索之间的任何误解都归罪于卑劣的格特鲁德·斯坦,而把两人重归于好归功于他对毕加索这个非凡人物的崇敬。拉迪盖去世后,与新男友让·马雷在一起的科克托又快乐起来。1944年留着大胡子50岁的科克托回忆,他总是给住在博埃蒂大街的毕加索送去圣诞树饰物和圣诞树。他说毕加索也总是签字收讫。巴黎属于你,到处都是你的签名! 1928年在约恩维尔住院戒鸦片毒的科克托为没有成为1912年立体主义运动的一部分而悲叹。远离人群,他极其渴望与毕加索交流。"你知道我值得与你接近。待在这个疯人院里,请随便给我一个信号吧!" [2] 与毕加索在一起他永远快乐。毕加索"打碎世界上所有的陶器,然后在桌子上把它们摆在一起,它们立即成为神赋的绝世之作。"每件上面都笼罩着光环。

---

[1] Unpublished letter, Archives Picasso,1926 (no specific date given).

[2] *Les Archives de Picasso*, 5 December 1928, p. 227.

第六章 俄罗斯芭蕾舞团

毕加索不善书信是经常造成他的朋友们失望悲伤的原因，尽管他们每个人都清楚地知道毕加索不喜欢写信。他那亲切和纯真的温情却不会保证文字交流。但出乎意料的是与朋友的交流还是驱使毕加索写了更多的书信。只有阿波利奈尔给毕加索的书信比毕加索写给他的少。他们是 20 世纪初始立体主义和先锋派运动中两位真正地位平等的合作伙伴。

第七章　超现实主义

> 我从来不把一幅画当作艺术品来创作。我所有的画作都是探索。我探索不止。[1]

安德烈·布勒东早在 1917 年就看到毕加索的画作,并把这些画的复制品挂在他巴黎恩典谷医院病房的墙上。布勒东在查拉从达达主义运动发源地苏黎世搬到巴黎时就是该运动的成员,现在他很快变成了正在发轫的超现实主义运动的领袖。布勒东从一开始就对毕加索的天才确信不疑。是布勒东最后说服雅克·杜塞买下了《阿维尼翁的少女》并将复制品首次发表在《超现实主义革命》杂志第四期上。他非常希望毕加索也加入到超现实主义的行列中来。毕加索从未加入

---

[1] Dore Ashton, ed., *Picasso on Art: A Selection of Views* (New York, 1972), p. 72.

到其中，但也未拒绝过布勒东的请求。在1926年，毕加索第一次允许他的作品在皮埃尔画廊举办的超现实主义画展上和其他艺术家的作品一同展出。

1922年6月，毕加索与奥尔加以及他们的儿子保罗来到迪纳尔度假。在海滩上他捕捉到了一个意义深远的想法——大形体古典女人。《沙滩上休息的女人》将会给其他杰出的人物形象赋予灵感。这个想法与令人恐惧的《拥抱》具有完全相反的效果。毕加索1925年在朱安松林海岸创作了《拥抱》。画中的亲吻更像是在他所爱的人喉咙上咬了一口。后来这幅画于1926年在皮埃尔画廊举办的超现实主义油画展上展出。画中所表现的暴力不但与超现实主义理念相吻合，实际上也是对超现实主义反资产阶级制度及其思想的一种补充。这一年毕加索还为著名同性恋作家雷蒙·拉迪盖精彩的小说《双颊如火烧》和同样著名的英俊的作家皮埃尔·勒韦迪未引起很大反响的《海上的泡沫》作了插图。在两本书中毕加索都习惯地为作者创作了素描画像。

毕加索为作家所作的素描画像充分显示出他深邃的洞察力。他一生坚持为作家画像。他为这些画家和作家所作的每一幅素描都揭示了每个人物的本质。这些作家有纪尧姆·阿波利奈尔、安德烈·布勒东、让·科克托、保罗·艾吕雅、

第七章 超现实主义

安德烈·布勒东,
拍摄日期不详。

雷蒙·拉迪盖、皮埃尔·勒韦迪,还有科克托和克莱夫·贝尔在博埃蒂大街的雕塑群像。毕加索系列画《画家和他的模特》中的女人也是神态各异。观赏者可以从中区分出画中的不同模特,从费尔南德到伊娃、奥尔加、玛丽-特蕾莎、多拉、弗朗索瓦丝、热纳维耶芙(Geneviève)和杰奎琳。无论是对毕加索具有重要意义的安格尔细腻风格的白描线条画,还是有血有肉、具有感召力的对大地的描绘,事实上无论任何风格,人们立即能够辨认出这是毕加索的作品。我们能够从这些画作的宏伟表现形式和纪念碑性的古典雕塑中辨明这些作品的本源。毕加索作品的思想和情感的强烈度无疑给布勒东留下了深刻的印象。这也正是他所希望的超现实主义和超现实主义表达思想的模式——可能性的外部界限。

尽管毕加索允许他的作品与超现实主义作品一同展出，但他从未追随这个运动也没有遵从其理念。即便他对某个文艺运动感兴趣，他对不是他所开创的任何文艺运动都保持着独立性。退一步说，由于他的原始创造性和强烈的不安定性，他是否真正对这些文艺运动感兴趣也还是值得怀疑的。鉴于他与布拉克是立体主义之父的事实，（据说他曾经在一些场合说"我是布拉克夫人""布拉克是我妻子"。所以他是父母中的一个。）他与超现实主义不存在这种联系。他只是在思想上与超现实主义保持着联系，就像反映在他与他的作品、他和他的朋友、他在那时与"洗衣船"和立体主义那种关系一样。

毕加索的视觉形式自传体现在他1921年的作品《三个音乐家》（费城艺术博物馆）中。科克托描述这个形式为"三位一体"。在画中，毕加索如同圣父、马克斯如同圣子、纪尧姆如同圣灵。或者可以理解为右边的马克斯如同僧侣、中间的阿波利奈尔如同小丑皮耶罗、左边的毕加索如同丑

第七章 超现实主义

《三个音乐家》,1921,帆布油画。

角。[1] 从某种意义上,这幅画是对逝去的放浪时光和失去的朋友的怀念和回忆。阿波利奈尔离开了人世;马克斯告别俗世躲在修道院中;40岁的毕加索在布尔乔亚环境中成功并和奥尔加过上了她一直向往的生活。里夫(Reff)称这幅画是毕加索对"失去了的波西米亚式的青年时代、在洗衣船的自由、阿波利奈尔和雅各布的快乐"的挽歌。与这幅画相对应

---

[1] Roland Penrose, *Picasso* (London, 1981) p. 86.

的《春天里的三个女人》则将毕加索现代主义者和传统主义者的激情放在一个并列的位置。展示个人取向才是真实的毕加索。

  1910 至 1912 年，毕加索和布拉克通过创作几乎相同的画作和不在作品上签名的途径去尝试建立一种具有革命性影响力的集体风格。在第一次世界大战结束后的年代里，毕加索完全改变了他批判性接受的条件。他没有把自己看作是一个革命性的先锋运动的一半，相反是以一个多重人格的孤独的艺术家面貌出现在人们面前。这是文艺复兴式的形单影只、变幻无常和无法抗拒的天才，在 20 世纪 20 年代，毕加索成为现代米开朗琪罗。[1]

毕加索和他的朋友们、毕加索和"毕加索圈"、布劳绍伊创造的"毕加索公司"，这些常常是反思、有关毕加索的故事、回顾和我们讨论毕加索的主体。至于回忆录，马克斯·雅各布认为费尔南德·奥利维耶的《毕加索和他的朋友

---

[1] Kenneth E, Silver, *Esprit de Corps: The Art of the Parisian Avant-Garde and the First World War, 1914-1925* (Princeton, NJ, 989), pp. 314-16.

第七章 超现实主义

们》是关于"立体主义城堡[1]的最佳回忆录"。尽管毕加索强烈反对,回忆录还是于 1933 年出版发行。马克斯引述费尔南德的话说:

> 不久以前,毕加索还把阿波利奈尔和马克斯·雅各布放在心上。他总是提到这两人的名字。他琢磨这两人如果去谋生会成为什么样子,他们将会如何应变。他仔细地为他们着想。他说他想让他们穿越时光,停留在发生过的各个重要事情之中。[2]

另一件重要的事发生在 1924 年。毕加索为萨蒂作曲、马辛编舞的芭蕾舞剧《墨丘利》设计了服装和移动式布景装饰。《墨丘利》作为《巴黎的夜晚》系列的一部分在巴黎拉希加勒剧院演出,制作人是埃蒂安·德·博蒙伯爵和马辛。该剧的盈利本来是用来资助俄国流亡人士的,但似乎最后是一些超现实主义艺术家从中获益而不是那些国际贵族。这些人进行了抗议。不过,布勒东和许多人一起为此在 1924 年

---

[1] 立体主义运动。——译者注
[2] Chevrière and Seckel, *Max Jacob and Picasso*, p. 147.

6月12日的《巴黎报》上刊登了集体签名的公开道歉信。在道歉信上签名的人包括超现实主义的主要人物路易·阿拉贡、罗伯特·德斯诺、马克斯·恩斯特（Max Ernst）、马克斯·莫里斯（Max Morise）、皮埃尔·纳维尔（Pierre Naville）、邦雅曼·佩雷（Benjamin Péret）和菲利普·苏波（Philippe Soupault），还有摄影家安德烈·布瓦法尔（André Boiffard）、剧作家罗杰·维特拉克（Roger Vitrac）和作曲家弗朗西斯·普朗克（Francis Poulenc）。如此一大批名人为"毕加索这位蔑视神圣化、进而创造了一个令人不安的现代性的最高层次表达方式的艺术家的深切而完全的敬佩做出了证明"。就在毕加索被指责将自己出卖给了现行体制的时刻，他欢迎超现实主义对他的接纳。阿拉贡在评论毕加索作品时引用了阿波利奈尔首创的超现实主义说法，他说："象征主义、立体主义、达达主义已经是遥远的过去。超现实主义才是今天最重要的。"

在定期举办的超现实主义艺术家聚会上，布勒东想方设法反复劝说他极为敬佩的毕加索加盟超现实主义运动。虽然他的劝说毫无效果，但毕加索的作品还是参加了超现实主义画展。毕加索作品首先在皮埃尔画廊展出，然后参加了布勒东在戈麦斯画廊的拼贴画展，之后又在1935年皮埃尔画廊

第七章 超现实主义

参展。特里斯唐·查拉为1935年的画展写了目录介绍。作为回报,毕加索也乐于为他的朋友的作品制作插图。他为皮埃尔·勒韦迪的《梭织领带》制作了三幅蚀刻画插图。1935年,毕加索有一段时间没有作画。他接受了布勒东的建议,开始尝试写作超现实主义"无意识"风格的诗词。之后布勒东将毕加索的诗作发表在1936年《艺术笔记》特刊上。[1] 在我看来,收集在《毕加索文集》中的诗词给人的感觉与他的画作一样。路易·帕罗(Louis Parrot)在谈到这些成堆的诗词时说:

> 当我开始整理这些诗词的时候,我想为自己准备一块言语调色板,仿佛我是在处理色彩。诗中每个字都经过了作者的反复推敲和估量。我不太相信人能够在无意识状态下自发地去表达思想。认为一个人能够随心所欲地激发这种本能是愚蠢的。[2]

简言之,这不太像是超现实主义的看法。

但是进一步研究《毕加索文集》,我们会产生另一种印

---

[1] *Cahiers d'Art*, 1936, nos. 7-10.

[2] Ashton, *Picasso on Art*, p. 130.

象。就像他创作《阿维尼翁的少女》过程中一度拒绝非洲雕塑的重要作用然后顿然醒悟过来一样,他对自己的写作间或发表的言论也是如此。在《毕加索文集》中感情奔放和富有诗意的论文《作家毕加索或精神错乱的诗》中引用了毕加索第一篇富有诗意的文字:"我不再能承受这种奇迹了。不了解这个世界,也没有学到任何东西,但却要爱这些东西,将这些东西活活吃下去。"[1]这真是个辉煌的奇迹,而且还是一个异常的奇迹。与主体和客体的生命力结合在一起,这就是持久的爱。

莱里斯指出,在诗歌里存在性的表述占有优势:"事物在这里,就在这里,或者事物在此刻正在发生。"[2]这的确是从毕加索诗歌投射出来的情感——直观性。他认为诗歌是一种内心独白,是超出诗歌所指示的对象的一种"语言舞蹈"。另外,因为毕加索在诗词上注明了写作时间,所以诗歌还是一种记事册。克里斯蒂娜·皮奥(Christine Piot)关于毕加索《写作实践》的研究论文显示,毕加索1935年至1959年的所有散文诗中,1941—1954年的作品绝大部分用法

---

[1] *Picasso: Collected Writings*, ed. Marie-Laure Bernade and Christine Piot, trans. Carol Volk and Albert Bensoussan (New York, 1989), p. viii.

[2] *Ibid.*, p. ix.

第七章 超现实主义

毕加索与米歇尔·莱里斯,1951年。

文写成;之后这些散文诗返回到用法语和加泰罗尼亚语双语写成。她还提到有关毕加索拼贴画《政变》的一个重要细节。那就是这幅画很可能是对19世纪象征主义诗人斯特凡·马拉美《政变》的致敬辞。罗莎琳德·克劳斯在《毕加索论说集》中也发现了这个事实。这不是唯一萦绕着毕加索的马拉美诗作。毕加索同样很欣赏马拉美的十四行诗《艾伦·坡之墓》和其中的所有苦甜参半的回忆。

撇开坟墓的问题,毕加索不只是喜爱马拉美的诗歌,他还喜欢兰波和其他诗人的作品。1905年毕加索再次抄写了一首他刚到巴黎时马克斯·雅各布给他读过的魏尔伦的一首诗。他还喜欢贡戈拉(Góngora)写的十四行诗(贡戈拉也是超现实主义诗人罗伯特·德斯诺所喜爱的诗人)。毕加索自己写的散文诗中也时常提到西班牙来抒发他的思乡之情。关于毕加索诗词中的无意识状态写作和超现实主义思想,布勒东特别欣赏毕加索的诗词,从毕加索诗词的"沉淀分取"手法,或是只保留基本特征的剥离手法,到激增和扩展手法的运用。当然布勒东欣赏的还有毕加索与艾吕雅合创、毕加索作为珍贵手稿保存的《圣母无玷始胎瞻礼》中对疯狂的模仿。毕加索断言:"从根本上我一直以同样的方式写作。我从未停止写作……我无意识创作的内在天赋,假如能称此为超自然力影响下诗作的话,一直如此,三十多岁是这样,三十岁以前也是,现在也是这样。"然而他接着说:"所有的安达卢西亚人都有些超现实……比如路易斯·德·贡戈

第七章　超现实主义

拉·伊·阿尔戈特（Luis de Góngora y Argote）先生。"[1]

《超现实主义革命》第六版使用了毕加索1926年的拼贴画《吉他》系列中的一幅作为插图。四年之后，两幅《吉他》拼贴画被路易·阿拉贡选为《对绘画的挑战》的插图。阿拉贡宣称达达主义和超现实主义拼贴画像咒语一样将宣告绘画的终结。罗莎琳德·克劳斯指出《吉他》中的指甲、针和铁丝网所包含的残酷令她想起卢齐欧·封塔纳（Lucio Fontana）的布料作品。[2]

毕加索一生都在应诗人和作家的请求为他们的作品创作插图。他给他们中的很多人做了画像，也给很多人以其他方式创作了插图，但也拒绝了一些人的请求。有些时候，比如超现实主义天才和狂人安托南·阿尔托（Antonin Artaud），这些人会直接到毕加索在大奥古斯坦大街23号的画室登门求画。这里从1937年（直到1967年空闲了12年之后搬出）就是毕加索生活和工作的地方。多拉·玛尔为毕加索找到的这个住所，因为之前多拉·玛尔和男友乔治·巴塔耶

---

[1] *Picasso: Collected Writings*, ed. Marie-Laure Bernade and Christine Piot, trans. Carol Volk and Albert Bensoussan (New York, 1989), p.xxx.

[2] Arnold Glimcher and Marc Glimcher, eds, *Je suis le Cahier: The Sketchbooks of Picasso* (New York, 1986), p. 114.

(Georges Bataille)曾在这里居住,所以她很熟悉这座建筑的顶楼。巴塔耶是政治团体"反击"的缔造者。这座建筑也是他们开会的地方。毕加索喜欢这个画室,因为这也是巴尔扎克《无名杰作》虚构的地方。

安托南·阿尔托从在科克托的《安提戈涅》中扮演蒂利希阿斯就认识了毕加索。毕加索为该剧设计了舞台布景。1946年毕加索给"安托南·阿尔托同人会"捐赠了一幅画,用以资助被关在疯人院里的阿尔托。在一封写给毕加索充满苦恼的信中,阿尔托求毕加索为他的诗词作画,因为只有这样博尔达斯出版公司才会出版他的作品。在1946年12月20日的信中他希望他的诗作能够:

> 按我的要求印刷在普通的纸张上以便学生、诗人、穷人和贫困的年轻人也能够阅读到这些诗,而不是让富人在黑市上赢利。自从男人征服了女人之后,北美人和南美人还有美洲驼已经有很长时间没有经历过战争,等等。这是为了告诉您这些诗词是为了我对良知的呼唤。[1]

---

[1]　20 December 1946, in *Les Archives de Picasso* (Paris, 2003), p. 202.

第七章 超现实主义

数日之后他没有收到毕加索的回复,阿尔托发怒了:

> 我拼死拼活地写作,但换来的只是各种折磨。然而这是一种自立,为了尽自己的绵薄之力,我不需要任何人和任何事情的任何帮助或陪伴……我已经受了九年之久的关押和折磨、牢房和紧身衣,还有五个月的有计划有步骤的氰化物和钾的毒害。另外还有两年时间里造成十五次昏迷的电击治疗。我有两处持刀攻击留下的伤疤和1937年9月在都柏林被铁棒殴打留下的可怕的后遗症。铁棒把我的脊柱打出了裂缝,我不得不拖着身子四处行走。让我拖着身子五次从伊夫里到大奥古斯坦大街是不友好的表现……可能我的诗不能引起您的兴趣,或是你认为我不值得关注。但至少你应该告诉我或者随便给我一个答复。
>
> 巴勃罗·毕加索,这是一个关系重大的时刻。[1]

毕加索一次又一次被这些或那些人施压。他们有超现实主义者也有其他人,往往是在寻求资助。有一些时候,比

---

[1] *Les archives de Picasso*, 3 January 1947, p. 204.

如对马克斯·雅各布或是布勒东,毕加索会给他们一件作品让他们卖掉。但是有时是现金。以两位超现实主义艺术家为例。第一个人是乔治·马尔金(George Malkine)。毕加索曾建议他到乡下康复。1944年马尔金向毕加索要钱买香烟,他请求道:"能不能最后帮助我一次,也是第三次?"1945年1月8日他写给毕加索一个充满焦虑的便条:"你生我的气了吗?或者根本没有?我恳求你现在不要评判我。对你来说这不重要。对我来说……嗯,你能想象到有整整27年我都不敢与你交往吗?"之后他讲述了一个发生在1917年听起来像是顿悟皈依经历中最感人的故事。毕加索似乎常常造成令人敬畏的感觉。朋友给了马尔金一张在夏特雷剧院上演的《欢庆游行》芭蕾舞剧票:

> 我站了起来,第一个吹口哨、怒吼。但是我留下来没有走开。然后,我走了一整夜,脑海里只有《欢庆游行》和你……(我看到你也在独自行走着。)你的面孔还是比《欢庆游行》更有感染力。我从未从一个人的面孔看错过人。
>
> 我回到家后无法入睡。我焚毁了我的"悲剧",所有的人体素描、我画过的所有东西、我所有的画作和著

第七章　超现实主义

作。第二天晚上我回到夏特雷剧院，自己买了票。我喊出了我的热情和迷狂。这是我的自我解放。就是这样。我生命中伟大的转折点……

然后我又想到了你，似乎没有意识到在你27年的艺术生涯中我和你一直在一起。我写给你的信是不理智的。我有些焦虑不安，我想向你解释这一点。我试图见你但未能如愿。我希望你还没有放弃我。然而这不像是你。你可能对我厌烦了，那就是另外一回事了。[1]

之后，因为不能见到毕加索而感到绝望，马尔金在1948年12月7日还掉了毕加索借给他的三千法郎。

第二个例子是布勒东的忠实信徒、真正的生气勃勃的诗人邦雅曼·佩雷。由于左派政治倾向，他不能进入美国而去了墨西哥。他在1938年写信请求毕加索帮助他和他的画家妻子雷梅迪奥斯·瓦罗（Remedios Varo）。后来在1940年，当他妻子从事翻译工作、他自己交不起房租时，他再次寻求毕加索的帮助。在1月写的感谢毕加索及时寄来支票的信中，佩雷说："像从我脚上拔出了像巴黎圣礼拜堂上尖顶那

---

[1]　Unpublished letter, archives Picasso, 8 January 1945.

么大的一根刺,或者像埃菲尔铁塔那么大。"但是夏天他由于在军队里从事颠覆活动而入狱、雷梅迪奥斯失业,他又一次向毕加索要钱缴纳保释金。6月他写道:"我能再次请你帮忙吗?"7月他这样写道:"我真不想再打扰你……我从5月25日被关押至今。德国人要一千法郎押金。"想必是毕加索给他寄了钱。然后来年10月他再次请求毕加索帮助:"我生活无靠。"[1]毕加索每次都伸出了援助之手。

超现实主义的另一面表现在萨尔瓦多·达利(Salvador Dalí)所做的一切事情中。达利第一次与毕加索接触、包括第一幅送给毕加索的画作和明信片是在1927年。当时他写信给在穆然的生命之母庄园度假的毕加索,就像他们以后经常做的那样,告诉毕加索他和他的妻子加拉(Gala)(加拉称毕加索"国王")希望前去拜访。他们的交往一直延续到1972年。达利不但像一个加泰罗尼亚人对待另一个同乡那样主动接近毕加索,还经常在路过毕加索的工作室时去看上一眼。

1928年,当达利和布努埃尔在海滨城市圣哈雷里一边进行影片《一条安达鲁狗》后期制作一边度假时,他联系毕加

---

[1] All in Archives Picasso.

第七章　超现实主义

索想知道什么时候能去看看毕加索和他的作品。布勒东曾热情地向达利介绍过毕加索的最新作品，达利也想看到毕加索这些近作。达利总是有无数的事情要说给毕加索听，无论是从海滨还是从风景如画的高山，我们都能感受到他信中那种热情洋溢和满腔热忱的风格："我有如此之多的想法以至于晚上不能入睡。我想这是压力的原因。"他还给毕加索讲述意外事件，例如在巴塞罗那，安东尼·高迪（Antoni Gaudí）的尸体被挖了出来："他看上去很痛苦（当然鉴于他的年龄这也很自然），但他保存得不错……无政府主义者总是知道在哪里找到'一瓶好果酱'。"[1]

达利给毕加索寄去了一份《人类想象和疯狂权利独立宣言》印刷品并告诉毕加索他的画展所遇到的麻烦。他在信中提到"某些纽约百货公司"修改了他的理念，更糟糕的是一些理事会禁止展出他的鱼头人身女人形象的作品《维纳斯之梦》。他们告诉达利美人鱼可能存在，反之则不可能。总之，他们在否定自由想象的权利。达利，这个具有自由想象力的加泰罗尼亚人对另一个具有同样能力的加泰罗尼亚人说，假如古希腊也有如此禁令，

---

[1]　Postcard from Cortina d'Alprezzo, 19 August 1936, Archives Picasso, 97.

> 古希腊人永远不会创造出,因此也不会传给我们这些惊人残暴的超现实主义神话……这些神话人物中,毫无疑问弥诺陶洛斯长着一个非常逼真的公牛头……民众永远比整天给他们灌输垃圾的人高明。[1]

达利、马格里特(Magritte)和毕加索的创意都具有相同的超现实的独创精神。他们的超现实主义天才体现在从鱼头人身女人到弥诺陶洛斯的创作中。达利在给美国艺术家和诗人的讲话中告诫体制化的审查制度,"如果你们渴望去发掘你们自己的神话的神圣源泉和你们自己的灵感,"他宣告:"爱欣喜若狂的鱼头女人是人的权利。"[2]

1949年10月,达利写信感谢毕加索与他一样在艺术领域的成就时说:"非常非常感谢你用你完整和绝对的伊比利亚天才不但毁灭了布格罗(Bougereau),尤其是摧毁了整个现代艺术!"[3] 达利接着说,"欣喜若狂"的状态中,我们可以开始进行艺术原创了。1956年,达利充满自信地向毕加索保证,毕加索大概并不需要他的保证,他正在创作"真正的

---

[1] Unpublished letter, Archives Picasso, no date.

[2] Unpublished letter, Archives Picasso, no date.

[3] *Les Archives de Picasso*, p. 99.

第七章 超现实主义

杰作,就像拉斐尔时代的那种作品……我拥抱你。我会再次把我的作品带给你看。你会高兴得发狂。"[1] 对毕加索来说这肯定是一种解脱,就像达利对毕加索的感谢中所肯定的那样。我们可以听到毕加索开怀大笑,就像他在洗衣船时的笑声一样。所有这一切都表明超现实主义达到了一个令人欢欣鼓舞的顶峰状态。

不经意的观察者看顶峰状态的毕加索时似乎通常只看到如星系中的星星一样众多的缪斯们和女模特们。这些女人以她们的多样化、性感、经常被描述的和情感上的暴力倾向而闻名。保罗·艾吕雅对此作了准确的说明:"毕加索爱得热烈,然而他毁灭了他所爱的。"1927年毕加索在巴黎拉斐叶画廊前遇见了只有十七岁的美丽的玛丽-特蕾莎·瓦尔特。毕加索用不可抗拒的言语对她说:"我是毕加索。你我一起将创造奇迹。"[2] 对熟知毕加索在巴塞罗那早期那些难忘的言论的人来说,显而易见这是"嘿,我是毕加索"的回声。这就足以说明毕加索为什么把玛丽-特蕾莎添加到他画廊的模特群中——他永远对机会、偶遇和新宠敞开大门。让奥尔

---

[1] Postcard from Cadaquès, October 1949, Archives Picasso, 99, 作者译。

[2] Pierre Daix, Picasso: *Life and Art*, trans. Olivia Emmet (London, 1994), p. 204.

加和玛丽-特蕾莎不直接碰撞对他来说是一个挑战，而毕加索无疑对这种挑战的双方可以应对自如，就像他对待他在真实生活和艺术创作中的类似的挑战一样。

1927年5月胡安·格里斯去世。他的去世对艺术界的损失高过对毕加索的个人损失。我们可以看到他们两人的关系并不是那么自然和谐。之后的夏天毕加索与奥尔加、儿子保罗来到迪纳尔度假。玛丽-特蕾莎也去了迪纳尔并且住在同一条街上。这个故事有趣的是毕加索不得不在两人之间周旋。（在巴黎，玛丽-特蕾莎住在博埃蒂大街44号，不远处就是毕加索和奥尔加住的23号公寓。很明显他喜欢在两个女人之间应酬。）克劳斯发现拼贴画结构原理之一的双重性对毕加索具有吸引力（弗朗索瓦丝·吉洛也强调过这一点）。她认为，双重性是解决形式对立主义的方法。双重性也是绘画的核心，画家决定作品的含义。[1]

1918年之后，毕加索一直去海边度暑期。他经常去的地方有比亚丽兹、瓦纳、胡安松林、戛纳和迪纳尔。皮埃尔·戴（Pierre Daix）说毕加索热衷于海滩上的女人所展现的女性身体构造。毕加索20世纪二三十年代各种《浴女》

---

[1] Glimcher and Glimcher, *Je suis le Cahier*, p. 121.

第七章 超现实主义

画像（例如1927年玛丽-特蕾莎画像）、他为特里斯唐·查拉免费出版的《反头脑：巨人的午夜》所作的彩色蚀刻画和《海滩三女神》（1921，画家错误确定年代为1923年）就是这种热情的证明。[1]残酷性在这些作品中并没有完全消失。其中一张海滨画中一只母螳螂在吞噬她的配偶。沙滩也一定具有它的吸引力，像安德烈·马松（André Masson）在1927年的《鱼的战斗》（纽约现代艺术博物馆，纽约）中使用沙子进行创作一样，毕加索在这一时期尝试了沙雕。

毕加索一定喜欢远离巴黎的喧闹。同样的冲动促使他买下了巴黎西北六十多公里处的波舍鲁古堡。1932年夏天，布拉克和莱里斯带着他们的妻子到这里看望毕加索。《花园里的裸体》（1934；毕加索博物馆，巴黎）充满了粉色和绿色叶子；1934年8月4日在波舍鲁堡古堡完成的《女人和叶子》传递了同样的快乐情感。毕加索还在石膏结构上制作了具有质地感的雕塑——雕塑上有叶子、一盒火柴、硬纸板——倾泻出充满创意的欢快。在1931年由史开拉出版社出版的奥维德《变形记》的毕加索蚀刻画插图中，我们能够辨认出玛丽-特蕾莎的身影。（一个精彩的记叙这样描绘道：每当毕

---

[1] Daix, *Picasso*, p. 174.

加索为史开拉完成一块蚀刻画,毕加索都要从窗户里探出身子冲着隔壁的史开拉出版社吹小号庆祝。史开拉说他过去对任何信号都没有感觉到过这么快乐。)很显然玛丽-特蕾莎是毕加索《速写系列版画》中色情版画的模特。例如在《雕塑家》中,画中的雕塑家凝视着她(玛丽-特蕾莎)的胸部在沉思,《梦》(1932;维克托·W.甘兹 [Victor W. Ganz] 夫妇私人收藏,纽约)和《镜子前的姑娘》(毕加索博物馆,巴黎)也都是如此。

无论她在扶手椅中蜷曲着身子还是躺在什么地方,玛丽-特蕾莎代表了毕加索女性画像光明灿烂的一面。然而毕加索许多作品和想象都染上了淡淡的黑色。由于法国复杂的有关离婚的法律条文,毕加索不能和奥尔加离婚。分居后的奥尔加带着儿子保罗住进了加利福尼亚酒店;玛丽-特蕾莎与她母亲在一起居住。毕加索说1935年是他一生中最糟糕的一年。奥尔加试图分掉他一半的财产;玛丽-特蕾莎怀孕了;毕加索无法作画。于是他转向散文诗,其中许多在布勒东主编的《艺术笔记》上发表。

在1935年那个倒霉的年头里,没有一件事让毕加索顺心。布勒东这时第一次鼓励毕加索尝试诗歌创作,毕加索也坚持了好几年。毕加索与外界交流的桥梁,诗人热姆·萨巴

第七章 超现实主义

尔蒂斯（Jaime Sabartès）回忆，毕加索这个时期什么都不干，不作画也不画素描，两个诗人常常就这样坐到深夜。毕加索诗歌创作实践的特性是连祷式，这个特征从一开始就立即在他的散文诗中表现出来。这并不令人感到很惊奇，因为是布勒东开创了连祷式在诗歌中的运用。他著名的《自由结合》就是使用连祷式的手法将诗推向了终结的高潮。[1] 我们不难从毕加索的诗词中看到布勒东的影响……

1936年在巴黎的双偶咖啡馆，毕加索通过艾吕雅的介绍认识了摄影家多拉·玛尔。玛尔是个肤色黝黑的美女，一半南斯拉夫血统一半法国血统，在阿根廷长大。在见到毕加索时，她用一把小折刀在手指间扎来扎去玩，一滴一滴的血不时涌到她绣着粉红色玫瑰的黑手套上。当然，毕加索被如此异乎寻常的行为所吸引。他对萨巴尔蒂斯议论了多拉的美貌和多拉西班牙语作的回应。毫不意外，两人走到了一起，并一道与艾吕雅和努施（Nusch）一起度过了两个夏天的部分时间。（据说努施同时也是毕加索的情妇。）

毕加索写给多拉·玛尔具有诗意的颂词（毕加索和她在

---

[1] Pierre Reverdy, *Selected Poems*, ed. and trans. John Ashbery, Mary Ann Caws and Patricia Terry (Winston-Salem, NC, 1991), pp. 24-6.

一起时为她写了很多这类诗作)是这样的：

>她出众的地方
>
>她的臀部
>
>她的胯部
>
>她的手臂
>
>她的小腿
>
>她的手
>
>她的眼睛
>
>她的颧骨
>
>她的头发
>
>她的鼻子
>
>她的脖子
>
>她的眼泪
>
>星星的一边窗帷落下、透明的天空藏在窗栏的后边——
>
>油灯下、无花果之间甜甜的金丝雀银铃般的叫声
>
>奶钵中的羽毛，从每一个笑声里摘下
>
>脱下裸女的衣裳
>
>臂膀的力量夺走了菜园中盛开的青春
>
>那么多死去的猎物挂在草地中的树杈上，在用一堆

第七章　超现实主义

> 珍珠装饰的歌声中
> 胭脂用血和蒺藜的紫色诱惑
> 红色的蜀葵在玩耍
> 穿过流动的阴影、晶莹的海藻花束迎着舞步绽放
> 移动的色彩洒落在泄漏的玻璃杯底——
> 丁香紫色面具被雨水装扮[1]

这一时期不但是毕加索最具有超现实主义风格的时期，也是弥诺陶洛斯时期。弥诺陶洛斯成为超现实主义最重要的主旋律并被用作有着奢侈和华丽的插图的杂志名称——《弥诺陶洛斯》。《弥诺陶洛斯》于1933年6月1日首刊。这本杂志取代了《超现实主义革命服务》。后者则取代了之前的超现实主义宣传刊物《超现实主义革命》。公牛与密特拉教的仪式和对太阳神的原始崇拜在理论上高度一致。乔治·巴塔耶发表在《文献》的《腐烂的太阳》一文中对此有过讨论。毕加索从孩童时代一直到晚年对斗牛表演中全部仪式非常着迷，斗牛表演对西班牙人毕加索来说内涵了整个的崇拜

---

[1] Unpublished document, in exhibition *De la Celestina à Dora Maar*, Musée Picasso, Paris, trans. Mary Ann Caws, *Picasso's Weeping Woman: The Life and Work of Dora Maar* (Boston, MA, 2000), p. 96.

仪式。米歇尔·莱里斯常常陪毕加索去观看斗牛表演。他在诗中也频繁地追记这些情景。斗牛表演中的宗教内涵，以及表演的残酷和激烈程度都保持着适当的比例。这个比例与耶稣钉死在十字架上所表现的残酷和激烈程度处于一个范围之内。毕加索清醒地意识到这个比例并且把它展示在他的作品《格尔尼卡》和《藏尸所》中。毕加索常说："我对尸骨具有真实的激情。"于是1929年就有了他所谓的尸骨风格纪念碑和根据存于科尔玛镇的格吕内瓦尔德（Grünewald）创作的伊森海姆祭坛画而变形的《十字架苦像》。《十字架苦像》被复制后发表在《弥诺陶洛斯》第一期上。尽管毕加索以前否认过布勒东有关毕加索《吉他》系列拼贴画中的超现实主义精神，1933年，他终于通过绘画的方式认可了他与超现实主义之间的联系——发表在《弥诺陶洛斯》第一期上的作品《解剖》。此外，毕加索还为《弥诺陶洛斯》第一期画了封面。布劳绍伊兴高采烈地描述了当时的情形：

> 毕加索把一些他经常在雕塑中用的那种硬纸板揉皱并折叠出褶子，用图钉钉在一块木板上。然后在上边放上代表怪物的雕刻，再用一截布带、一点银色的纸绳和一些掉色的假花把雕刻围起来。毕加索告诉我那些假花

第七章 超现实主义

是从奥尔加一顶过时的扔掉的帽子上摘下来的。[1]

　　1933年，布勒东在对毕加索献媚、之后经常被引用的颂文《毕加索要素》中强调说，他所看到的是毕加索的天启，如同一次视觉上的革命，毕加索通过自己的想象重新审视这个世界。而我们这些旁观者是"启示的对象"。[2] 然而毕加索在发表在《强势报》（1932年6月15日出版）与特里亚德的访谈录中说："我的油画或素描无不准确地复制了一种世界观……即我对精确性的关注……一个人的作品就像一种日记……旧画布……似乎像挥霍的孩子——但是他们穿回家了一件金衣。"因此毕加索的艺术不是去虚构，而是去感知世界，将艺术作品作为一个认知的记录。看似随意地把一些简单、完全互不相干的东西随意摆放在一起，不华丽也不奢侈，但是一个全新的世界被创造出来了。布勒东的颂文中的描述以谈话式和异常朴素的平常话 [3] 开始："在这一页的后

---

[1] Brassaï, *Picasso and Co.*, trans. Francis Price (Garden City, NY, 1966), p. 10.

[2] *Le Surréalisme et la peinture* (Paris, 1928, 1965); trans as *Surrealism and Painting* by Simon Watson Taylor (Boston, MA, 2002), p. 101.

[3] 讽意。——译者注

边一只飞不动的蝴蝶永远驻足在一片干树叶的近旁。"(布勒东说只有在这篇1933年的文章中,有一只真蝴蝶以其真实的本身飞进了这幅画的世界。)然后神奇的事情发生了。这个魔力赋予我们"一种突如其来的独特情感。当这种情感支配我们后,这种激情就是我们受到了某种启示的毋庸置疑的证据"。[1]准确地说,毕加索的独立精神值得颂扬:"毕加索不可思议的聪明才智从来没有屈从于任何事物,只有他自己的极限。"对于这幅作品中所展示的才华,只有内在的意念起决定性的作用。外在的理念,例如超现实主义理念,对毕加索的自身理念的发展不起任何作用。所有一切都是依据自主的理念:"光彩四射的大河……给自己设置了些障碍,然后只是把它们扫到一边罢了。"[2]

布勒东最欣赏的超现实主义美学的概念来源于皮埃尔·勒韦迪的立体主义理念。勒韦迪美的理念是从两个相距甚远的范畴中取出两个因素,然后将一根连接线(导体)放置在这两个因素中间,利用金属导电的原理使两个因素碰撞出火花来。这个理念不但与艾吕雅的《给看》(字面意思是"给

---

[1] Elizabeth Cowling, *Picasso: Style and Meaning* (London, 2002), p. 101.

[2] André Breton, *Mad Love*, trans. Mary Ann Caws (Lincoln, NE, 1987), p. 7, note 8.

第七章 超现实主义

看"或"给有")相联系,也与毕加索的联结观念相关联。毕加索说,艺术应该像一座桥梁。"什么是最好的桥梁?最好的桥梁变为一条思路、一条线路,不留下任何东西。它严格地实现它的功能,将两个分离的距离统一起来。"[1]

对布勒东和其他超现实主义者来说,毕加索绝对是连接一切的桥梁。他以不可思议的方式统一了日常怪事和碰撞发展中的思想的光芒。不必去在意毕加索无意去附着超现实主义在某个特定时期的理论含义或是任何一种不朽的理论。毕加索超越了所有那一切。布勒东对他最崇拜的画家的最重要的看法可以在后来被编为《超现实主义和绘画》里一个章节的《毕加索的构成要素》中找到:

> 尽管是不可能、进一步说也是不明智地把我们在别的场合所提倡树立的严格批判方式运用在毕加索身上,我们还是宣称毕加索是我们中的一员。如果有人一定要为超现实主义设定一个道德行为界线的话,超现实主义必须要逾越毕加索已经超越和将要超越的界线。[2]

---

[1] Ashton, *Picasso on Art*, p. 65.

[2] Breton, *Surrealism and Painting*, p. 101.

不管怎样，布勒东得到了毕加索的全面尊重，尤其是1923年7月7日发生在巴黎米歇尔剧院举行的达达盛会"胡须心之夜"上查拉的歌剧《气体心》演出过程中的一件事。"胡须心之夜"文艺活动还放映了一些由曼·雷（Man Ray）和汉斯·里希特（Hans Richter）执导，达吕斯·米约（Darius Milhaud）、萨蒂和斯特拉文斯基作曲的电影。在《气体心》演出过程中，皮埃尔·德·马索（Pierre de Massot）叫喊侮辱立体主义已经死亡："毕加索死在战场上了！"就在这时，布勒东跳上舞台，打断了他的右臂为毕加索复仇。因此后来毕加索为《地球之尧》画了布勒东不朽风格的肖像。

我特别喜欢和最具有说服力的争论之一应当是发生在大家公认过于一本正经的布勒东和毕加索一幅极端异乎寻常的画布之间的故事。布勒东看见一幅尺寸不大的画布上有一大块稀糊状的东西。毕加索说他只是刚刚把这块东西放在上边试试看它干了没有，而且那东西不只是一块普通的粪便。布勒东直接解释为"屎"，这块屎就像小孩连核吃樱桃后拉出来的东西一样。最奇妙的是毕加索在等着苍蝇飞过来粘在画布上，以此证明这是一块真正的粪便（事实果真如此），而布勒东则突然间获得了一个令人赞叹的新宇宙观。肮脏的粪

第七章 超现实主义

便但美丽动人。他敢于去试一试。他想象着"这些闪闪发光焕然一新的苍蝇。所有的一切忽然变得光明和快乐……我兴高采烈地一头扎进了森林中。"[1]

布勒东喜欢去画室拜访毕加索,但那儿往往人太多。1935年9月25日,他怀着一种绝望的心情写道,即使毕加索目前有日益繁忙的活动安排,画室里来的人越来越多,他还是期望或许毕加索能抽出一个小时再见见他。"您知道我有多么崇拜您,也知道我年轻时候是如何梦想着在您的生活里占有一席之地。我的期望就是有一天您把我当成您的一个朋友"。[2] 有时他对保罗·艾吕雅和毕加索一起度过了那么多夜晚感到嫉妒。1936年3月16日,他说,这位画家是"值得活着的两三个人中的一个"。[3]

1940年,布勒东一家和其他一些超现实主义艺术家为躲避德军逃到玛丽·简·戈尔德(Mary Jane Gold)在马赛艾贝尔的别墅避难。1941年3月24日他们去了纽约。[4] 尽管布

---

[1] Breton, *Surrealism and Painting*, p. 113.

[2] *Les Archives de Picasso*, p. 212.

[3] Patrick O'Brian, *Pablo Ruiz Picasso* (New York, 1976), p. 212.

[4] Martica Sawin, *Surrealism in Exile and the Beginnings of the New York School* (Cambridge, MA, 1995)

勒东作为超现实主义运动的领袖人物拒绝用不属于他的语言创作任何东西,超现实主义还是在纽约发展壮大起来。布勒东1946年回到巴黎后发现一切都发生了变化,他所有的朋友似乎都各奔东西。毕加索在1944年加入了共产党。艾吕雅是他的介绍人,路易·阿拉贡是他的领导。布勒东似乎觉得自己已经不在毕加索的圈子里,也不再是"毕加索圈"的一员。

有关两人关系的破裂有不同的说法,但结局都是一样的。弗朗索瓦丝·吉洛在她的回忆录中记叙道,1946年她和毕加索在安提布从窗户里看到布勒东从下边走过。毕加索急忙跑下去向他伸出手,但布勒东拒绝与毕加索握手。他对毕加索加入共产党极为不满,要从此与毕加索绝交。后来布勒东为毕加索加入共产党而失去了一个朋友写下了苦恼和令人悲伤的《80克拉……但一个阴影》。[1] 历史就这么多。

我认为我们必须记住布勒东从一开始就懂得甚至欣赏"毕加索思想的持续辩证发展"。此外,尽管他对政治问题有个人的看法,布勒东对毕加索绘画的欣赏没有负面因素也从未减弱过。如同一个创造者不是一个墨守成规的人那样,无论是作为一个立体主义者、超现实主义者或是共产主义者,

---

[1] *Les Archives de Picasso*, p. 218.

第七章 超现实主义

毕加索与路易·阿拉贡，1949。

毕加索总是超越于任何特定的理念之上。他很简单和绝对的就是毕加索自己。没有附带条件。

另一位超现实主义者、优秀的小说家、散文家和文艺批评家路易·阿拉贡为我们展示了一个更讨人嫌和更非理想化的毕加索。阿拉贡的《亨利·马蒂斯：传奇小说》和有关古斯塔夫·库尔贝的小说《受难周》是公认的杰作。在阿拉贡1924年的著名散文集《巴黎乡下人》问世之前，他在1921年发表了简短的影射小说《阿尼塞，或全貌》。尽管阿拉贡非常钦佩毕加索，但从未像布勒东或艾吕雅与毕加索那样关系紧密。在小说中,毕加索是"忧郁画家",因为小说创作那段时间毕加索确实也正好处于这种状态;马克斯·雅各布被称为"让·西普里安"。(马克斯·西普里安。毕加索作为他的教父曾经要给他取名菲亚克尔。但这个名字被用于巴黎出租马车。)生活不总是很窘迫但也不总是慷慨大方的毕加索在仔细揣测着他的朋友、永远穷困却总是大手大脚的马克斯·雅各布。阿拉贡描述了两人的相遇,他写道,毕加索对着有一张相当超凡脱俗面孔的马克斯说话了。下面是我的粗略转述:

> 我在思量你,我想着我们经受过的苦难。我亲爱的可怜人,我感觉到了我们的共同过去那种令人回味的可怜,而只有我已经摆脱了那个过去。我穿着暖和的阿斯特拉罕羔羊皮领大衣。我走近你,悲惨的让,我冰冷的青年时代的伙伴,那个冬天里没有煤没有家具的画室。羡慕我将要点燃的昂贵的雪茄吧!世界上只有三个人能抽得起这种雪茄。

毕加索在1944年加入共产党之前,他与阿拉贡从不特别友好。毕加索加入共产党是为了表明反对佛朗哥的立场和自己的政治观点。毕加索和阿拉贡的性格完全相反。布勒东对毕加索的钦佩超过其他超现实主义者,很明显他崇拜毕加索的天才(我认为这是值得称赞的),就像他所崇拜的另一个创造者马塞尔·杜尚一样,毕加索应该为他能够和已经创造的受到颂扬。但当政治观点产生严重分歧的时候,尽管他过去对毕加索情感深厚,布勒东还是走开了。

1943年10月25日,马克斯在写给萨尔蒙的信中对所有这一切感到痛惜:

> 永远没有人能够估量超现实主义者们给毕加索造成的伤害。他们毁灭了毕加索内心的友情。上帝知道他是为友情而生。在一次平常的谈话之后保罗·艾吕雅对毕加索说:'人总是有过多的朋友。'这就是超现实主义的幽灵沉重地砸在一个前超现实主义者身上的表现。现实的情况是他们榨干了毕加索,然后抛弃了他。他形单影只……他的合法妻子拒绝与他离婚,让毕加索偿还日益增多数以百万计的债务。多么丢人。[1]

---

[1] Max Jacob, *Correspondances: Les amitieset les amours*, ed. Didier Gomper Netter (Paris, n. d.), p. 268.

从毕加索的角度看,他对布勒东的友情从来没有像对马克斯·雅各布、保罗·艾吕雅,尤其是阿波利奈尔的那样强烈。最终还是阿波利奈尔的术语"超现实主义"给一个可以说是 20 世纪最重要的文艺运动下了定义。

第八章 《格尔尼卡》与共产党

深深地隐藏在单一频率的有色金属网中的表象或多或少加快了节拍的频率。从幸福转化为痛苦的炙热迫使飘动的结晶体按照所预期的方向覆盖整个画面。[1]

纳粹盟军对格尔尼卡的狂轰滥炸与超现实主义艺术家们的田园时光的生活形成了可怕的对照。1937年4月26日西班牙内战期间,佛朗哥的军队毁灭了这座巴斯克小镇。这是历史上首次对一个非军事目标的密集轰炸。毕加索已经答应为将在1938年于巴黎举办的世界博览会的西班牙展馆作一幅壁画。在轰炸的新闻曝光三个星期后,他完成了《格尔尼卡》。这无疑是一个具有深远意义的20世纪最伟大的政治宣

---

[1] Picasso prose poem, 6 January 1940; in Mary Ann Caws, *Dora Maar With and Without Picasso: A Biography* (London, 2000).

毕加索的《格尔尼卡》，在1937年巴黎世界博览会西班牙展馆。

言。与《阿维尼翁的少女》一起，这两幅作品最显著地表现了现代艺术的力量。看过他1937年阴郁的类似卡通画的作品《佛朗哥的幻想和谎言》（维克森林大学，印刷藏品）的人都很清楚毕加索对佛朗哥的看法。

与所有以往的绘画作品是表达思想的途径一样，《格尔尼卡》的表达方式却有所不同，而且产生了重大的影响。作品的浮雕式灰色画面和作为创作素材的照片一致。这是一幅令人难以忘却的画面：公牛和痛苦难忍的马、炫目的灯泡、

第八章 《格尔尼卡》与共产党

太阳的狂怒和祭祀,还有以此而知名的"哭泣的女人"。多拉·玛尔常常被认作是"哭泣的女人"的原型。事实上多拉不但画了马脖子上直立起来的鬃毛,而且拍摄记录下了毕加索创作这幅伟大而痛苦的作品的每一个阶段。她与毕加索在创作期间用西班牙语交流,这是对处于西班牙佛朗哥恐怖时代的毕加索的一种慰藉。曾经在《艺术笔记》(7-10期)连续三次发表文章称赞毕加索的散文诗的克里斯蒂安·塞沃斯(Christian Zervos)在《一幅画的故事》中记叙了格尔尼卡事件摄影图片和《格尔尼卡》的创作过程。[1]

这幅作品也是毕加索对他的西班牙同胞戈雅创作的反映他那个时代关于战争可怕回忆的《五月三日》(1814年)的一种响应。这个响应也适合于个子低矮但充满活力被称之为"小戈雅"的毕加索。这两幅艺术作品都捕捉到了战争的恐怖画面:"哭喊的儿童、哭喊的妇女、哭鸣的小鸟、哭喊的花朵……哭喊的岩石……哭喊的家具、睡床、椅子、窗帘、水罐、猫、纸张和哭喊的气味。"这就是毕加索这期间一首散文诗对战争的描述。

与这幅画相呼应,毕加索的知己保罗·艾吕雅的反映格

---

[1] *Cahiers d'Art*, XII /4-5 (1937).

尔尼卡惨案的诗歌同样表现了对这个好战年代所造成的痛苦和恐怖所作的人道主义的和感人肺腑的反抗。这首诗从美好的时光和祥和的世界开始，进而到毁灭的降临，最后以灾难之后胜利的希望收尾。因而这首诗的题目是《胜利在格尔尼卡》：

遍布着农舍、宝藏和田野的美丽世界

勇敢地面对着火光和严寒
不屈服于黑夜、伤痛和挫折

勇敢地面对一切
此刻的空虚使你凝固
你的死亡将是召唤

死亡夺去了你的心脏
……

死亡世界的贱民和敌人的丑恶现出原形
像黑夜一样狞恶

第八章 《格尔尼卡》与共产党

我们终会取胜。[1]

从《格尔尼卡》画面上伸出的那只无力而又不顾一切地渴望救援之手与痛苦的面孔和嘶叫着的马具有同样强大的感染力。

在世界博览会闭幕之际,《格尔尼卡》作为反法西斯宣言在斯堪的纳维亚半岛、英国和美国展出。巡展结束后毕加索希望这幅画保存在纽约现代艺术博物馆直到西班牙恢复民主。1981年,在西班牙恢复民主和毕加索诞生一百周年之际,尽管我们对这幅画回归西班牙的原因表示赞颂,包括我在内的很多纽约人都戴上了黑色袖标对《格尔尼卡》的离去表示痛惜。

《格尔尼卡》诞生在大奥古斯坦大街七号的画室里。有这样一个有名的绯闻。有一天正当毕加索创作这幅画时,玛丽-特蕾莎来到画室并与多拉争吵了起来。她声言因为她有了毕加索的孩子,所以有权在这里陪伴毕加索的是她而不是多拉。这是一个特别伤人的指控,因为据说多拉不能生育。之后两人扭打在一起。厮打让毕加索特别高兴。后来在1942年,毕加索对多拉的接替者弗朗索瓦丝·吉洛说:真是段令

---

[1] Caws, *Dora Maar*, p. 10.

人开心的时光。毕竟毕加索乐于让两个女人争宠、并且由她们自己来解决纷争。这些女人各自都有不同的手段去对付毕加索和她们之间的纷争。

到这里来的还有其他不速之客。曾经有一次德国秘密警察来毕加索的画室进行检查，他们指着这幅巨作问："你画的这个？""不是，"毕加索说，"是你们画的。"在法国被占领期间，只有毕加索和莱热两人是被禁止举办画展的非犹太画家。当然购买绘画材料也很困难。这时，毕加索的随机应变发挥了作用，他能用不可能用的东西例如自行车的车把来创作雕塑（用于公牛头）。

在某种程度上法国南部的情况则有所不同。1939年，毕加索和多拉乘坐蓝色列车来到昂蒂布并从曼·雷那里租下了一套公寓。但整个旅程并不愉快。1939年8月一件可怕和奇怪的事发生在画商安布鲁瓦兹·沃拉尔身上。毕加索一直很喜欢沃拉尔。但沃拉尔在运送马约尔的雕像时，其中一座雕像掉下来把马约尔砸死在车里。这个具有讽刺意味的事就像雕像一样沉重。毕加索赶回巴黎参加沃拉尔的葬礼，然后与多拉去了靠近波尔多的大西洋海滨胜地鲁瓦扬。第二次世界大战期间，当布勒东在普瓦蒂埃医院作心理医生时经常去鲁瓦扬拜访毕加索和玛尔。毕加索和玛尔也很喜欢布勒东的妻

第八章 《格尔尼卡》与共产党

子杰奎琳和他们的小女儿奥布。布勒东从医院休假的时候就去与他们团聚。

至于这时画家和诗人之间的友谊,毕加索很清楚布勒东生活拮据,并送给他一幅画去变卖。他们两人的关系确实一直非常紧密,直到布勒东战争结束后回到法国不能理解毕加索为何效忠于共产党为止。布勒东在日记里记叙过他早期遇到过的麻烦。那时他设想将超现实主义放在"为革命服务"的位置上,而且他在大体上并不是完全反对当时的政治环境。但是他对这位低矮画家的伟大地位的评价没有改变,而且归根到底只有这些评价才是最重要的。

在《格尔尼卡》完成之后,多拉·玛尔就开始致力于创作她自己的"哭泣的女人"画像《红灯下哭泣的女人》(1937;罗兰·彭罗斯藏画,伦敦)。在毕加索所有的情妇和情人中,她大概是最有才智而且肯定是最有文化的。但是1942年她的行为开始变得怪异起来,她赤身裸体坐在台阶上,到处捅乱子。在各种各样的令人吃惊的场面见证她心神不宁的特征之后,她被送入医院治疗。最后艾吕雅在精神分析学家雅克·拉康(Jacques Lacan)的帮助下将她从医院接回家。回家后她继续接受拉康的治疗,最终在法国南部梅内尔布村隐居。这所房屋是毕加索送给多拉的,但毕加索不顾她的痛苦仍然带弗朗索瓦丝·吉洛来这里度假。拉康回答那些询问他是否替玛尔在约束衣和教堂的怀抱之间做了选择的人时说,玛尔措辞与众不同,但都是相同的意思:"毕加索之后只有上帝。"她逐渐放弃了这个世界,但是没有放弃绘画,也没有完全放弃摄影。她最后的一个助手说从巴黎给她带来了一部宝丽来拍立得相机。她非常喜欢这部相机并且拍摄了照片。在梅内尔布村,她把欧芹和爆米花固定在老摄影底片上制作拼贴画。玛尔把拼贴画制作成安德烈·布勒东和丽丝·德阿尔姆(Lise Deharme)的形象(布勒东神话故事中的戴手套的女郎)。这幅画于 2000 年在巴黎米歇尔·肖梅特画廊展出。

1940 年,大型毕加索作品回顾展在纽约现代艺术博物馆揭幕。回顾展的组织人是阿尔弗雷德·巴尔,包括《格尔尼卡》在内共有 344 件作品展出。同年毕加索发表了以"画室"为主题的《沃拉尔系列版画》。[1] 毕加索在鲁瓦扬的瓦里耶别墅四楼上租下了一间俯瞰大海的画室(小帆船)。同年 2 月,毕加索回到巴黎,3 月,超现实主义艺术家布勒东、

---

[1] 参见迈克尔·菲茨杰拉德(Michael Fitzgerald)著 *The Artist's Studio* (New Haven, 2001),结合沃兹沃恩博物馆(Wadsworth Museum)同一主题展览。

第八章 《格尔尼卡》与共产党

艾吕雅和阿拉贡应征入伍。5月,德军入侵比利时,毕加索和多拉回到了鲁瓦扬。6月,德国人占领了巴黎,《停战协定》签署。6月23日,德军占领鲁瓦扬。毕加索在8月回到巴黎住在他的画室里。他拒绝了德国人可能给他的一切关照,包括暖气。据说他曾说:"西班牙人从来不冷。"女儿玛雅和玛丽-特蕾莎也回到巴黎住在亨利四世林荫大道。

1942年,弗拉曼克(Vlaminck)在《喜剧》发表文章攻击毕加索,安德烈·洛特(André Lhote)为毕加索进行了辩护。艾吕雅加入共产党之后两年,毕加索也加入了共产党。他说加入共产党是为了表明他反对佛朗哥的立场。为了庆祝自己入党,毕加索创作了被他称为相似性的作品《人和羊》。毕加索加入共产党当时在报纸上引起了不小的骚动。2004年4月解密的巴黎警察局档案显示,早在在20世纪三四十年代法国警察就一直秘密监视毕加索,怀疑他是个无政府主义者。由于担心纳粹入侵法国后可能被佛朗哥政权引渡回西班牙,毕加索在1940年申请加入法国国籍,但由于"极端思想和共产主义倾向"被拒。[1]

毕竟如果我们仔细观察毕加索作品的趋势,他的作品还

---

[1] *The Week*, 30 April 2004.

是比较极端化的。《格尔尼卡》从来没有被毕加索遗忘,或许这也是他加入共产党的原因——表示他与佛朗哥的对立。1962年10月下旬古巴导弹危机之际,毕加索创作了《抢夺萨宾妇女》(国家艺术博物馆,巴黎)。他从素描本上挑选了《格尔尼卡》中一个女人抱着孩子的形象,但给这个女人画上了两个鼻子并做了一些小改动。但他对暴力的恐惧依然存在。当他在1962年创作这幅作品的时候,他求助于埃莱娜·帕姆兰为他寻找收藏于卢浮宫的雅克-路易·大卫的《萨宾人》(1794—1799)和尼古拉斯·普桑的《无辜者的屠杀》复制品。[1] 绘画无法与良知割裂,但良知有它本身的极端主义的思想成分。

---

[1] Arnold Glimcher and Marc Glimcher, eds, *Je suis le Cahier: The Sketchbooks of Picasso* (New York, 1986), pp. 179-88.

第九章　法国南部

如果一件艺术品不具有跨时代的生命力，它就没有存在的价值。[1]

"艺术家们就这样来到法国南部表露他们对西班牙的热爱，尽管他们受到共和国懦弱抛弃的冷遇，在竞技场石质台阶上和死亡召唤中，让他们忘却不久之前发生在欧洲仍然历历在目的暴行吧。"[2] 安德烈·沙泰尔（André Chastel）接着描述道：对毕加索和其他诸如安德烈·马松、米歇尔·莱里斯和乔治·巴塔耶等艺术家来说，斗牛使伴随着死亡的色情描写以及两者和太阳之间的联结更加具体明确，使向往完全一元化世界成为不可能。这种不可能性会更加"使人类战争

---

[1]　Dore Ashton, ed., *Picasso on Art: A Selection of Views* (New York, 1972), p. 5.

[2]　Patrick O'Brian, *Pablo Ruiz Picasso* (New York, 1976), p. 9.

悲惨历史中的牺牲具体化"。"斗牛士画家"马松常常用绘画解释巴塔耶文章中有关太阳和密特拉教太阳神崇拜仪式的内容;莱里斯不但在诗词中涉及这方面的内容,他还用《人类的时代》中的整整一个章节对此进行了剖析。由于莱里斯的推介,毕加索见识了尼姆竞技场。最终还是毕加索"把斗牛的主题和戈雅所推崇的反叛融合在《格尔尼卡》之中"。[1]

这就是毕加索思想的魅力所在。非但如此,他的情感深刻地、往往也是立即对他那些来自不同国家的朋友产生了影响。毕加索的朋友和赞助人罗兰·彭罗斯常写信告诉他到西班牙看斗牛的情景,还有他的摄影师妻子李·米勒开始是如何非常憎恶斗牛表演,最后是如何醉心于斗牛表演的。

异常或许也不太异常,"毕加索很多年没有发表过有关先锋派的言论,"有一位评论家注意到了这个异常或许也不太异常的情况。[2] 在他生命的最后二十年中,毕加索已经不再是一个叛逆者,而是一个古典艺术大师作品的爱好者。从委拉斯开兹到现代画家一长串的名字就说明了这一点。毕

---

[1] Patrick O'Brian, *Pablo Ruiz Picasso*, p. 15.

[2] Patrick O'Brian, *Pablo Ruiz Picasso*, p. 272.

第九章 法国南部

毕加索在斗牛现场，1958。

加索痴迷般地重画了一系列的古典作品，这些作品包括委拉斯开兹的《侍女》（1657—1657），1956—1957年冬天重画的德拉克洛瓦的《阿尔及尔女人》（1833），与马奈的《草地上的午餐》（1863）的同名作品（1961；罗森加特画廊，琉森）——马奈和毕加索重画马奈的同名作品都参考了乔尔乔内的《田园合奏》（1508—1509）。这是对毕加索另一面的一个见证——即他对传统艺术的忠诚。伴随着他轻松多样的特征,这种忠诚为他的现代主义思想打下了坚实的基础。正如他的雕塑作品一样,毕加索这一时期的创作实践也是对古典艺术的尊崇。例如1950年的《笛子演奏者》(毕加索博物馆,巴黎)就是对戈雅的一种敬意。但是这些作品是一种具有更丰富内涵的敬意。戴认为,"一个非常西班牙化具有挑衅、过度和惊愕意味的'反古典'维度一直是毕加索的一部分。"[1] 这些敬意,无论是明确表露出来还是没有表露出来,当它们在一个系列创作中不再具备魅力的时候,往往产生了其他作品中所不具有的效果。这些敬意在这些作品中只是起到了参照和启迪的作用。总之,毕加索在谈到关于他对传统作品的冥思默想时说:"你知道,我已经到了这样一种程度,那就是我的思维活动比思想本身更令我感兴趣。"[2]

文艺评论家和艺术家认为,在前辈艺术家中,保罗·塞尚的思维流变不但对毕加索起到了至关重要作用,而且一直与毕加索的思想密切相连。1958年,当毕加索去卡斯蒂耶庄

---

[1] Pierre Daix, *Picasso: Life and Art*, trans. Olivia Emmet (London, 1994), p. 364.

[2] Elizabeth Cowling, *Picasso: Style and Meaning* (London, 2000), p. 657.

第九章 法国南部

园拜访夸张而知识极其渊博的艺术品收藏家道格拉斯·库珀时，他询问库珀在这个地区能买到什么住宅。库珀告诉毕加索，圣维克多山下的山谷里的沃夫纳格庄园正在出售。道德主义者沃夫纳格侯爵在这里写作了《道德箴言》一书。不但居住在靠近塞尚的大山对毕加索有吸引力，而且生活在一个产生了许多道德思想的住所中肯定也吸引了毕加索，这和大奥古斯坦大街7号的文学和政治历史对毕加索有特殊的魅力是相同的。毕加索1958年买下了沃夫纳格庄园并在那里创作了与他一样对斗牛充满激情的马奈《草地上的午餐》和《斗牛士之死》（1864）的变体画。毕加索未曾卖掉沃夫纳格庄园，他希望死后埋葬在那里。他最终安葬在那里。

1959年，小说家和历史学家安德烈·马尔罗担任法国文化事务部长。正是由于他对毕加索的崇拜，保证了毕加索不但能够在各种可能的场所举办画展，而且有了荣获法国各种各样奖励的所有可能的机会。也是在这一年，毕加索创作的《阿波利奈尔纪念碑》（1928—1929）最终落成。碑头上嵌着1941年铸造的多拉·玛尔的头部雕像。

1959年，英国文艺历史学家罗兰·彭罗斯在泰特美术馆举办了毕加索自1895年到1959年作品的大型回顾展并为画展写了介绍目录。他写信给毕加索说，他从1948年就开始准备举办一个"原始艺术和现代艺术相对抗"的画展。"在原始艺术一面,有来自牛津大学、剑桥大学、布莱顿大学、巴黎人类博物馆的史前艺术品和大洋洲、非洲艺术品。核心作品是借自纽约现代艺术博物馆的《阿维尼翁的少女》、你的三四件重要作品……还有一些陶艺作品。"[1]

彭罗斯给毕加索的信发表在克里斯蒂安·塞沃斯主办的《艺术笔记》上。彭罗斯还为毕加索发表在《艺术笔记》上的剧本《抓住欲望的尾巴》写了序言。像通常那样谦虚,彭罗斯叹息由于他不是一个有经验的作家,所以他所写的序言也不会很精彩。序言这样开始:"是否因为生命过于短暂、人类的力量过于有限,所以诗人往往不是画家、画家往往不是诗人,或许这两者相互排斥……?"然后彭罗斯引用布勒东的话说:"这样的事业要求具有充满激情自信的所有才能,还要具有无数的火舌[2]。"[3] 然后他开始颂扬毕加索:

---

[1] Penrose to Picasso, 11 October 1948.

[2] 火舌:源自《使徒行传》,上帝赋予的传播福音的特殊能力,意为"犀利的语言能力"。——译者注

[3] 彭罗斯著,毕加索剧本《抓住欲望的尾巴》(*Desire Caught by the Tail*),英译本前言,引用布勒东赞美毕加索文章"Picasso Poète", *Cahiers d'art*, nos 7-10 (1935)。

第九章　法国南部

对毕加索来说各种艺术形式之间没有屏障。他以令人惊叹的天才探索了雕塑、摄影、陶艺和蚀刻艺术形式。在每一个实践中,他都以独特的创造力去理解如何使用一种不为人熟知的艺术形式来更有力地表达他所感知的日常生活中的戏剧性场面。他最亲密的朋友中还包括音乐家。他对音乐的热爱表现在经常出现在他的画作中的乐器上,特别是吉他和笛子。[1]

彭罗斯将毕加索的剧本与威廉·布莱克的《月亮上的小岛》和阿蒂尔·兰波的诗歌《通灵人》中的"先知"相比。这三件不同的艺术作品同时在彭罗斯担任院长的伦敦当代艺术学院上演。彭罗斯告诉毕加索演出取得了惊人的成功。他还给毕加索寄去了新闻剪报。他的这位英国崇拜者说,因为爆满许多人被挡在门外,但能进去的人都赞叹不已。

彭罗斯喜欢给毕加索寄去其他一些物品和热情洋溢的评论文章。比如他在路易斯市费尽周折才找到特殊的彩色铅笔(弗吉尼亚·伍尔芙和伦纳德·伍尔芙就曾在苏塞克斯的这座小镇上的僧舍居住过)。毕加索的朋友们每次在与他的接

---

[1]　Penrose, preface.

毕加索在瓦洛里斯工作室里。

触中都能感受到毕加索那种超常的亲和力,尽管毕加索不经常给他们写信。1953年2月4日彭罗斯给毕加索的信就足以证明他对毕加索的亲密感情。他说,由于艾吕雅去世给他带来的悲伤,见到毕加索已经刻不容缓。"只有你有治愈我的伤痛的神奇力量。"[1]彭罗斯说，即使毕加索什么话都不说，他的气场就能够让他重新焕发活力和勇气。

毕加索和弗朗索瓦丝·吉洛去法利农庄看望过彭罗斯。彭罗斯说，直到今天毕加索的到来还是一个意义重大的日子，就好比胜利女神之战和巴黎解放日（巴黎解放的时候毕加索、玛丽-特蕾莎和他们1935年出生的女儿玛雅在巴黎圣路易斯岛上）。当然他和李·米勒多次在不同的地方拜访过毕加索，有戛纳附近的卡利佛尼别墅，还有马赛附近的海滨城市萨纳里和其他一些地方。彭罗斯给毕加索的所有书信都洋溢着热情，有时他从法利农庄写信，有时是从伦敦的家中，有时是在旅途中（有时是从海滨度假胜地给毕加索写信。1956年9月他们给送去了"带着咸味的嘴唇"的拥抱），有时他还用当代艺术学院的信笺给毕加索写信。

为了庆祝毕加索75岁生日，当代艺术学院计划举办一次内容全面的展览。展览内容包括萨巴尔蒂斯、康维勒和曼·雷的画作，关于毕加索的朋友阿波利奈尔、马克斯·雅各布、艾吕雅和科克托等人的书面文字材料，还有对毕加索

---

[1] Penrose to Picasso, unpublished letter, 4 Febuary 1953, © The Etate of Roland Penrose, 2005.

毕加索、弗朗索瓦丝·吉洛和他们的儿子克洛德。

曾经进行过创作的地方的介绍。1956年彭罗斯在戛纳展出了毕加索和加里·库珀在一起的照片。这些照片是从一个能俯瞰到洗衣船房顶的木匠铺子里拍摄的。彭罗斯做事一丝不苟，极力要拍到毕加索工作室的窗户，他还让毕加索像在之前拍摄的阿维尼翁画室照片中那样在拍照时做出一个手势表达某种示意。[1] 毕加索总是乐于满足彭罗斯的请求，给他送去作品、短信和素描和油画的照片。但与毕加索有关的人却不是这样，比如多拉·玛尔。她往往担心借出去的东西不能

---

[1] Penrose to Picasso, unpublished letter, 7 August 1956.

第九章 法国南部

《阿波利奈尔纪念碑》,1928—1929,上为多拉·玛尔半身铜像,圣日耳曼大教堂外,巴黎。

按时归还,或是一去不返石沉大海。或许彭罗斯的请求是在她与毕加索的关系结束很多年之后,所以保留这些对她来说是珍品的东西是可以理解的。

尽管彭罗斯手头还有许多其他工作,但他还在致力于毕加索传记的写作。因此无论是出于工作上还是私人关系上的原因,他经常去见毕加索或与他通信。对他来说每天都是"白天旋风般地工作,只有晚上才能继续传记写作"。[1] 彭罗斯所写的毕加索传记的最后一章以对《侍女》(在传记写作

---

[1] Penrose to Picasso, 21 September 1957.

过程中毕加索也在创作《侍女》）的描述结尾。他们两人都很满意这部传记结束于一项没有完成的工作。彭罗斯兢兢业业用了三年时间写完了这部传记。他的工作物有所值,因为彭罗斯希望英国人能够更容易接触到毕加索的作品。彭罗斯也实现了自己的愿望。

此时,毕加索出现在克卢佐（Clouzot）的纪录片《毕加索之谜》（1955年）中。在影片中我们看到毕加索似光速一样地在作画。彭罗斯认为,大多数为影片所折服的人是电影评论家。因为他们一向对画家不屑一顾,这也是为什么他们的好评不同寻常的缘故。毕加索继续捐献作品为当代艺术学院筹集经费。毕加索捐献的一幅自画像就在一场绘画展销会上卖了800英镑。这在当时是一笔巨款。

尽管展出场所不理想,毕加索为联合国教科文组织创作的大型面板画《伊卡洛斯的坠落》在1958年夏天揭幕。这幅作品给彭罗斯和他的前妻瓦伦汀,还有李和儿子托尼留下了深刻的印象:

> 一进门就看到一个黑色人物隐藏在画的中心位置。但你向前每走一步,就会看到他似乎正从遥远的天空坠落,直到你走到近前伸手可及的地方。但这时你看到的

第九章 法国南部

是画面上一些巨大的人物笼罩着你。我在瓦洛里斯没有注意到这个戏剧化的特征。当你看到整幅画面时，它是那么美；但当这幅画的一半藏在你的视线之外的时候，你感觉到被它庞大的气势压得粉碎。这幅画以一种令人惊奇的方式克服了场地的不足，变不利因素为有利，而取得了成功。我打心底里认为它是一个奇迹。[1]

画中伊卡洛斯朝着巨大的蓝色波浪坠落的恐怖画面在彭罗斯的脑海中萦绕。事实上，彭罗斯自己的一幅画中倒立的人物形象就是这种恐惧的佐证。

但是在泰特举办的大型画展就出了麻烦，因为拥有大量毕加索作品的道格拉斯·库珀是很难对付的人物。彭罗斯在1958年8月25日的一封信中判断，可能是由于他希望主办这次画展的愿望没有得到满足而受到了伤害。库珀拒绝与画展合作，除非他是主办人。另外，他说如果没有高额佣金他不能为画展写目录介绍，因为他当时正忙于写书。（彭罗斯也没有想给这个"大领主"花钱。）但是即便没有库珀手中的毕加索作品，彭罗斯也决心把它办成一个了不起的画展。

---

[1] Penrose to Picasso, Montpellier, 21 October 1958.

他就是这样做到了。

1961年毕加索和对他忠心耿耿的杰奎琳·罗克结婚。杰奎琳与费尔南德、奥尔加和多拉不同（更与伊娃和玛丽-特蕾莎接近），她把大师的需要放在诸事之首。她不会像费尔南德和弗朗索瓦丝那样希望撰写毕加索想方设法阻止出版的自传。她们也不愿意要孩子。

总之，毕加索与他的儿女和孙子孙女们的关系有点差强人意。他性情暴躁、处事不公而且对人毫不宽容。在弗朗索瓦丝发表自传《与毕加索的生活》之后，他开始厌恶他和弗朗索瓦丝的孩子克洛德和帕洛玛。在很大程度上他一直厌恶克洛德，因为克洛德为了自己应得的遗产将毕加索告上了法庭。他也疏远了他和玛丽-特蕾莎的女儿玛雅、他和奥尔加的儿子保罗和保罗的孩子帕布里多和玛丽娜。玛丽娜写了一本书尖刻地批评她的祖父。毕加索已经成了一个死心塌地的隐士。

1962年为了庆祝毕加索80寿辰，加州大学洛杉矶分校艺术馆主办了名为"祝毕加索先生生日快乐"的画展。纽约诺德勒画廊举办了"毕加索：美国的颂词"画展，约翰·理查森为展出写了展品目录介绍。纽约现代艺术博物馆为庆祝毕加索寿辰制作了一个以毕加索为联合国教科文组织创作的

第九章 法国南部

《伊卡洛斯的坠落》为蓝本的大型装饰。联系毕加索一生与太阳、密特拉太阳神崇拜仪式和牺牲的关系，坠落的人物形象似乎对此刻的毕加索具有讽刺意味但又恰如其分。此时毕加索已经失聪并且希望不出席公开的生日庆典。他这时正饱受前列腺疾患的折磨在巴黎附近纳伊的美国医院住院治疗。

1963年，由于他另外一位挚友热姆·萨巴尔蒂斯的努力，保存着大量毕加索早期作品的毕加索博物馆在巴塞罗那开馆。后来在1968年萨巴尔蒂斯去世后，毕加索为了纪念他的亡友将《侍女》系列作品捐献给了毕加索博物馆。毕加索在谈到这些礼品时说："这些画不是我的作品，它们是我的生命。"1961年毕加索买下了他最后一处住宅——位于穆然附近戛纳北部的生命之母庄园。他还创作了告别卡利佛尼别墅的素描画。同年8月，毕加索失去了布拉克。对布拉克来说，毕加索早期对立体主义鼎盛时期的承诺在某种程度上已经消逝。当毕加索在阿维尼翁的那个火车站失去布拉克的时候，毕加索说他再也没有找到他。10月，科克托去世。科克托以高度的戏剧化模式爱戴毕加索，是他的小丑皮耶罗和丑角的良友。毕加索最令人难忘的作品之一《坐着的小丑皮耶罗》，与丑角一样完美地代表了毕加索一生的戏剧化形象。他永远是一个演员。

尽管毕加索强烈反对，弗朗索瓦丝《自传》法文版在1964年发行后立即在毕加索和他的孩子克洛德和帕洛玛之间制造了分裂。这本自传也引起了艺术界不少人士的愤怒。他们反对这本书的情绪与毕加索一样强烈。更进一步的证据是多尔·阿什顿非常实用的《引语汇编》明显没有采用弗朗索瓦丝自传中的任何内容。这一年杰利马出版社发行了布劳绍伊引人入胜的《与毕加索谈话录》。也是在这一年，毕加索最感人的作品之一《画家和他的模特》面世。这幅画对任何观赏者来说肯定是毕加索最具有想象力的作品。小丑皮耶罗和丑角完美地代表了毕加索所扮演的所有角色，在悲惨的光线下，在那一刻画家和他的模特捕捉到了最真实的表演。在这里情欲和赞美在严肃性的顶峰融合。

1965—1967年毕加索最后一次来到巴黎。这里上演过许多毕加索设计布景和服装的芭蕾舞剧（《欢庆游行》《牧神午后》《三角帽》）。在此期间布勒东去世，马尔罗主办的"致敬毕加索"画展揭幕。毕加索当然没有出席。他拒绝了法国荣誉军团勋章，因为这个荣誉不是来自他的西班牙。他喜爱的大奥古斯坦大街的画室被房东收回，以至于有一段时间可怜地没有地方作画。彭罗斯曾经质问为什么马尔罗没有把创作《格尔尼卡》的地方指定为历史遗迹。毕加索被授予列宁

第九章　法国南部

和平奖,但是他没有见苏联大使,而是让伊利亚·爱伦堡(Ilya Ehrenburg)代为接受。他为什么要费那个神呢?

还是由于彭罗斯的努力,毕加索的雕塑和陶艺作品得以在泰特展出,之后又到纽约现代艺术博物馆展出。1969年1月至1970年1月,就在伊冯娜·塞沃斯于1970年1月去世前不久,在阿维尼翁教皇宫举办了"毕加索晚期作品展"(1969年1月至1970年1月)。画展由167幅具有非凡气韵的油画组成。从5月到10月展出期间,如同爆炸开来的色彩照亮了光线昏暗的教皇宫。这种盛况每一个参观过的人都可以作证。也是在这一年,令人敬仰但摇摇欲坠的洗衣船失火被焚毁。9月,伊冯娜的丈夫克里斯蒂安去世。他的去世标志着一个时代的终结:他的《艺术笔记》发表了布勒东所赞美的毕加索的诗歌。[1] 塞沃斯夫妇以他们的慷慨和热情代表着从沃克吕兹到巴黎整个艺术界。

1971年,纽约现代艺术博物馆获得了具有开创性的《吉他》(1912);为了庆祝毕加索寿辰,卢浮宫大画廊展出了八幅毕加索的作品,确保毕加索将再次打破传统。有一天,乔治·萨勒(George Salles)请毕加索选择卢浮宫里他最喜

---

[1]　*Cahiers d'art*, nos 7-10.

爱的画和他的作品挂在一起。毕加索选择了苏巴朗、德拉克洛瓦和库尔贝。萨勒问，那么意大利画家呢？毕加索答道："只有一个人——乌切罗（Uccello），他的《圣罗马诺之战》。"他希望看到一幅立体主义油画挂在《圣罗马诺之战》的旁边。罗兰·彭罗斯描述毕加索激动地呼喊道："你看这是一样的！这是一样的！"[1]

1969年和1970年，帕特里克·奥布莱恩两次来到阿维尼翁教皇宫教皇克雷芒六世小教堂观看毕加索的作品。第一次他发现毕加索的画作那种冰冷的黑白色调和妓院的肮脏龌龊"比圣器间的石墙还要冰冷"。他写道，毕加索的晚年处于与世隔绝的状态。他感到不幸福而且情绪低落。而画展也确定了这一点。所以当他在1972年秋天再次来到阿维尼翁时正是画展的最后几个星期，他感觉到踌躇不定。就在他从阳光明媚的教皇宫广场走进昏暗的哥特式建筑的那一刻，辉煌的奇迹发生了——"墙上一幅幅画作闪烁着光芒"，"到处是灿烂的色彩和春天般的活力。"他写道，呈现毕加索晚期作品应该是去表现他强烈的个人创造力。个人创造力是毕加索始终相信自己能力的唯一根据。"像风一样自由、快乐。

---

[1] Penrose, *Picasso*, p. 466. [AQ; which Penrose ref?]

第九章 法国南部

只有快乐的画家才能创作出这些作品来,无论多少口头上的保证也没有一半的说服力。"他是这样看待毕加索和他的一生的:"他非同寻常的痛苦与反抗被相互抵消。我相信更甚于相互抵消。他的痛苦和反抗是被极大的满足所抵消的。"[1]

一个关于阿维尼翁的附注。毕加索在去世前不久请勒内·夏尔为一旦自己去世就将在教皇宫举办的画展写目录介绍。夏尔起名为《夏风中的毕加索》。我的小木屋距离夏尔在索尔格岛的住处不远。当他写目录介绍的时候我经常去看望他。当他来到我们家的木屋时,他发现我自己抹的灰墙的颜色很适合画展目录介绍上儿童戴的帽子。这看起来就像整体的一部分,完全是奥布莱恩叙述的教皇宫哥特式建筑中的色彩光芒。

罹患重病的毕加索在生命的最后时刻仍然对医疗器具感到好奇。在我看来,无论他扮演的角色如何改变,也不论他有多少种值得称颂的艺术风格,他从来没有丧失一生中占主导地位的好奇心。他始终忠实地保持下来的是他的友谊理念。在临终之际,他经常自言自语谈论阿波利奈尔。阿波利奈尔是毕加索喜爱的诗人中最崇敬的朋友。阿波利奈尔可以

---

[1] O'Brian, *Pablo Ruiz Picasso*, p. 478.

被认为在诗歌领域具有毕加索在绘画领域相同的代表性：硕果累累的创造者。阿波利奈尔说：一个崭新的体系，他每时每刻都在诗歌中进行着各种尝试：对话和画面中的一个片段，然后把它们制作成一个重要而新颖的体系。这与战后那些墨守成规的诗人所要求的"回归原态"完全相反。非常平淡无奇的常态也是毕加索所注重的事物中的一个重要部分。他解释了关于静物中的普通事物和他对这些事物的喜爱。他说，就是如此：

> 为什么我要画烟斗、吉他或一包包香烟？为什么这些物体总是出现在当代作家的作品中？对蒙马特和蒙帕纳斯的画家或画家们来说，有什么东西还能比他们的烟斗、他们的香烟、放在沙发上的吉他，或一个放在咖啡桌上的苏打水瓶更熟悉的呢？[1]

在临终时刻，他向杰奎琳伸出手，对床边的特护说："你不结婚是错误的。婚姻是有用的。"毕加索于1973年4月8日去世后，没有人被允许观看躺在棺材里的毕加索。在葬礼

---

[1] Ashton, *Picasso on Art*, p. 35.

上，神父和一些当地共产党议员进行了简短的发言。奥布莱恩最后致辞:"他们把毕加索从他们中间垂放到孤独的墓穴,一个几乎与太阳一样孤独的人,但是他焕发着与太阳一样猛烈燃烧的生命。"[1]

孤独的天才,我赞同这一点。但是他的内蕴和历历在目的友情与世长存。依我看来,他的内蕴和友情是他在巅峰时刻艺术的重要组成部分。

---

[1]　O'Brian, *Pablo Ruiz Picasso*, p. 480.

第十章　结束语

我所做的一切是为了现在，并且希望将永远与时代同步。[1]

毕加索催化并且吸引了如此大量的仿佛附着在他的作品和本身的心理分析演绎。我只选择两个截然对立并且各自具有反思潜力的例子。

从 21 世纪的视角观察，在毕加索 1932 年苏黎世回顾展之后，读过卡尔·荣格分析毕加索的文章（译自德文并发表在克里斯蒂安·塞沃斯主办的《艺术笔记》上）的人或许认为荣格的分析相对如此众多的过分的赞扬是一种具有启发性的对比。荣格没有将毕加索与神经病人归为一类而是将他归类为精神分裂症不但不令人惊奇，相反这种分析对理

---

[1]　Dore Ashton, ed., *Picasso on Art: A Selection of Views* (New York, 1972), p. 5.

解毕加索天才的特定方式具有启发意义。荣格认为，相比内在潜意识，毕加索的思维因素归根到底更多的是与外部经验相一致。尽管毕加索总是说他依靠的是现实世界而不是抽象世界，然而他聚焦于事物的特有强度和其结果似乎来自别的东西。按照荣格的观点，这是情绪层面的某种陌生性造成的。这种陌生性不是"单一、和谐的情感而是一种矛盾化的情感，或者说甚至是敏感性彻底的丧失。从一种绝对严肃的观点来看，这些人的突出特征是智力分裂，就是术语所说的'断线'，进一步说就是精神裂缝或精神的分裂在图像上横穿过去。"因而，荣格用乔伊斯来举例说，在效果的大胆性上，"没有什么向着观察者走来，所有的都背离观察者而去。"荣格认为，毕加索的绘画是为了隐藏，是关于"荒无人烟的沼泽上冰冷的水雾，就像一场不需要任何观众的表演。"他强调毕加索绘画中的蓝色，"夜晚、水或月光中的蓝色"和"古埃及阴间的蓝色"一样。当一个阳光下的生命紧紧地抱住了他的时候，他看到的却是一个以死亡的形式出现的黑暗灵魂坐在阴间等待着。当他面对这种黑暗的时候，他的思维就被他的"断线、碎布、昏暗的尸体、残骸和没有生命的实体表达出来。毕加索和他的画展，就像两万八千名观众看到的那

第十章 结束语

样,是瞬间即逝的现象"。[1] 到目前当然毕加索的作品的影响又持续了四十年,但这不意味着荣格有关毕加索精神分析的意义有所减弱。

荣格将毕加索的小丑比作与一件谋杀案有牵连的人物形象。"寒冷而又闪闪发光的荒诞的原始时期的巨大形状让庞贝城古董没有灵魂的形式复活过来——一个朱利奥·罗马诺(Giulio Romano)那样的画家也不会做得更差。"(更差?我们这些罗马诺的崇拜者仍然被这种比较所震惊。)可是对于荣格来说,毕加索只不过是一个"紊乱的变异"。在毕加索"晚期绘画作品中,相对立事物的结合明显地被表现为直接并置,比如光明灵魂和黑暗灵魂的并置。近期作品中鲜艳、清晰、甚至暴力的色彩符合渴望克服情感矛盾的无意识思维倾向"。[2]

一个完全不同的观点来自克劳斯1985年一篇有关反对将毕加索的私人生活带入对其作品的分析的文章《以毕加索的名义》。文章探讨了拼贴画作为一个系统表达形式,特别是对毕加索来说,其标志是预测一个被指代和非现存的缺

---

[1] Jung in Patrick O'Brian, *Pablo Ruiz Picasso* (New York, 1976), pp.488-92.
[2] *Ibid.*, p. 488.

失。[1] 她批判自传美学把艺术对象解析为意味着某个特定的名字("伊娃""玛丽-特蕾莎"或"金发维纳斯"。克劳斯称玛丽-特蕾莎为"金发维纳斯")。一个拼贴画中的标志(例如刊物[jou]和水[eau])往往意味"报纸"、波朱蕾葡萄酒。[2] "专有名字的美学是专门建立在形态化的坟墓上的。"[3] 她的这一观点恰恰抵消了拼贴画所追求的模式——具有革命意义并且超越个人(与个人相对)。拼贴画过滤出重要的东西、不同的表演、"具有深度的文学性"(拼贴画上一层盖一层的东西)和形式的完整。

在1998年的《毕加索论说集》中,克劳斯讨论了毕加索在拼贴画之后作为一种反应形式的模仿作品上的投入。模仿作品像一个

> 诱饵让毕加索沉溺于对秘密和疯狂隐藏的生命的钻研。然而毕加索的实践不单单广泛地被植入毕加索所有

---

[1] Rosalind E. Krauss, *The Originality of the Avant-Garde and Other Modernist Myths* (Cambridg, MA, 1985), esp. pp. 33-6.

[2] jou 在拼贴画中并不意味着"报刊",而是"你"。eau 意指"圣水"。——译者注

[3] Rosalind E. Krauss, *The Originality of the Avant-Garde and Other Modernist Myths* (Cambridg, MA, 1985), esp. p. 39.

第十章 结束语

的作品的画面上，而且这个实践也被植入他所摆脱不了的风格中。他的仪式化行为以匀称线条的方式实现了被他"成功"克制住的、十足的充满原欲的冲动。[1]

隐藏的、秘密的和珍贵的不为人知的事物似乎保证了人的自主权，并且成为中心问题。但正是这个立体主义拼贴画所依赖的非指涉性标志向模仿作品开放，就像储存的货币被突然清空一样。

也许毕加索极端并且强烈的反差和自相矛盾，还有他广泛的多样性一直影响着后来的画家和诗人。从立体主义非个人化的实践和毕加索与布拉克彼此从1907年到1912年所进行的充满激情的对话，到逐渐增强的更个性化的创作和天马行空式的创作实践，毕加索的成就简直就是传奇和神话。他经常谈到他自己，还说他从来不把他的观众限制在一个或另一个见解之中。像莎士比亚和莫里哀一样，他说，"我经常在我的作品中加入滑稽和相当程度上的庸俗的东西。这样我的创作可以接近每个人。"[2] 尽管梅耶·夏皮罗认为毕加索是

---

[1] Rosalind Krauss, *The Picasso Papers* (New York, 1998), p. 240.

[2] O'Brian, *Pablo Ruiz Picasso*, p. 445.

"自闭和自我中心",[1] 毕加索确实做到了这一点。他毫不费力接近了后来的画家,包括拼贴画形式、在画作上嵌入例如报纸一类的物体、谈话和名言,甚至只言片语。关于"再现代"纽约现代艺术博物馆,亚瑟·鲁堡(Arthur Lubow)在2004年10月3日向《纽约时报杂志》透露,毕加索的作品可以走进每个画廊,也许已经走进了每个画廊。

为了在一个平权法案制度中激励缺乏毕加索天才的艺术家,我们的团队一直排斥这个变幻无常的西班牙人。我见过一组画廊交替比较方案,每个方案都有毕加索。馆长们常常开"无毕加索展厅"玩笑。安·特姆金(Ann Temkin)半真半开玩笑说:"就像一个怪物威胁要吃掉每个展厅。"

至于毕加索的影响力,我们不妨问这样一个问题:还有什么人没有感觉到毕加索的影响呢?假如我们随意以一个画家为例,比如罗伯特·马瑟韦尔(Robert Motherwell),我们会很容易指出香烟盒标签、书护封和拼贴画形式如何为他

---

[1] Meyer Schapiro, *The Unity of Picasso's Art* (New York, 2000), p. 42.

第十章 结束语

自画像,1972年,铅笔和彩色蜡笔素描。

提供了灵感。非但如此,法语短语特别是"我爱你傻瓜"和其他短语是马瑟韦尔《我爱你》系列作品的原型。就像每个现代艺术馆壮观的大门上方的名字应该是"塞尚艺术馆"一样,对于20世纪,许多不同风格的画家也许会认为我们的这个时代的艺术馆的大门或者是门楣上都应该写上毕加索的名字。

这个西班牙人在生命的结尾的人生态度与英国人约翰·拉斯金(John Ruskin)和法国人马塞尔·普鲁斯特相似。

这两人都有他们的座右铭,一个明确而又含蓄的告诫——也是一种歌颂——"工作、工作、工作,在人们无法工作的夜深人静的时刻。"毕加索的座右铭是:"一个人只有通过工作成果才能被人们理解。人必须工作再工作。"[1] 当夜晚降临,他像其他任何人一样以满腔的热情与比他同时代画家更多的天才勤奋工作。他的交友艺术是刻苦工作信念的一部分;他洋溢着热情的友谊是他天才的重要组成部分。

在 1925 年 2 月 10 日写给毕加索的信中,胡安·米罗(Joan Miró)总结了许多画家和诗人对毕加索这位画家的感受:"今天早晨你为我付出太多。为了最终找到纯洁之光,我宁愿在黑暗中走过我的一生,也不愿像其他年轻人一样在虚假的光照下生活。"[2] 无论怎样冷酷,毕加索的光芒似乎从不虚假。更准确地说,从毕加索身上源源不断地倾泻出来的非凡的光芒与这位画家、他的世界和他的朋友紧密交织在一起。

---

[1] Ashton, *Picasso on Art*, p. 36.

[2] *Les archives de Picasso* (Paris, 2003), p. 140.

参考文献

By Picasso and Friends

Les Archives de Picasso (Paris, 2003)

Dore Ashton, ed., *Picasso on Art: A Selection of Views* (New York, 1972)

Marie-Laure Bernadac and Christine Piot, eds, *Picasso: Collected Writings*, trans. Carol Volk and Albert Bensoussan (New York, 1989)

Pierre Caizergues and Hélène Seckel, eds, *Picasso, Apollinaire: correspondence* (Paris, 1992)

Emmanuelle Chevrière and Hélène Seckel, eds, *Max Jacob et Picasso*, exh. cat., Musée Picasso (Paris, 1994)

Marilyn McCully, ed., *A Picasso Anthology: Documents, Criticism, Reminiscences* (Princeton, NJ, 1982)

Collections

Jonathan Brown, ed., *Picasso and the Spanish Tradition* (New Haven, CT, 1996)

Jean Clair, ed., *Picasso: sous le soleil de Mithra* (Paris, 2001)

Arnold Glimcher and Marc Glimcher, eds, *Je suis le Cahier: The Sketchbooks of Picasso* (New York, 1986)

Brigitte Léal et al., *The Ultimate Picasso* (New York, 2000)

Steven Nash and Robert Rosenblum, eds, *Picasso and the War Years, 1937-1945* (New York, 1999)

Other Relavant Works

Anne Baldassari, *Picasso and Photography: The Dark Mirror*, trans. Deke Dujsinberre (Houston, TX, 1997)

Charles Baudelaire, *The Prose Poems and La Fanfarlo*, trans. Rosemary Lloyd (Oxford and New York, 1990)

John Berger, *The Sense of Sight* (New York and London, 1985)

—, *The Success and Failure of Picasso* (Harmondsworth, 1965)

Brassai, *Picasso and Co.*, trans. Francis Price (Garden City, NY, 1966)

André Breton, *Mad Love*, trans. Mary Ann Caws (Lincoln, NE, 1987)

—, *Surrealism and Painting*, trans. Simon Watson Taylor (Boston, MA, 2002; originally published as *Le Surréalisme et la peinture*, Paris, 1928)

Pierre Cabanne, *Le siècle de Picasso* (Paris, 1975)

Mary Ann Caws, *Dora Maar With and Without Picasso: A Biography* (London, 2000)

—, ed. and trans. *Surrealist Love Poems* (London, 2001)

—, with Sarah Bird Wright, *Bloomsbury and France: Art and Friends* (New York, 2000)

Elizabeth Cowling, Picasso: *Style and Meaning* (London, 2002)

Pierre Daix, Picasso: *Life and Art*, trans. Olivia Emmet (London, 1994)

Guy Davenport, *The Death of Picasso: New and Selected Writing* (New York, 2005)

Paul Eluard, *Choix de Poèmes*, ed. Alain Bosquet (Paris, 1951)

Michael Fitzgerald, *Making Modernism* (New York, 1995)

—, *Picasso: The Artists' Studio* (New Haven, 2001)

Jack Flam, *Matisse / Picasso: The Story of their Rivalry and Friendship* (New York, 2003)

Judi Freeman, *Picasso and the Weeping Woman: The Years of Marie-Thérèse Walter and Dora Maar*, exh. cat., Los Angeles County Museum of Art (1994)

Françoise Gilot and Carlton Lake, *Life with Picasso* (New York, 1964)

Christopher Green, *Les Demoiselles d'Avignon* (Cambridge, 2001)

Timothy Hilton, *Picasso* (London, 1975)

Robert Hughes, ed., *The Portable Picasso* (New York, 2003)

Max Jacob, *Correspondances: les amities et les amours,* ed. Didier Gomper Netter (Paris, n.d.)

Rosalind E. Krauss, *The Originality of the Avant-Garde and Other*

Modernist Myths (Cambridge, MA, 1985)

—, *The Optical Unconscious* (Cambridge, MA, 1993)

—, *The Picasso Papers* (New York, 1998)

James Lord, *Picasso and Dora: A Memoir* (London, 1993)

Annie Maillis, *Picasso et Leiris dans l'Arène: les écrivains, les artistes et les toros (1937-1957)*(Paris, 2002)

Andrè Marlaux, *Picasso's Mask*, trans. June Guicharnaud with Jacques Guicharnaud (New York, 1974)

Marilyn McCully, *Els Quatre Gats: Art in Barcelona around 1900* (Princeton, NJ, 1978)

Patrick O'Brian, *Pablo Ruiz Picasso* (New York, 1976)

Fernande Olivier, *Picasso and his Friends*, trans. Jane Miller (New York, 1965; originally published as *Picasso et ses amis*, Paris, 1933)

Hélène Parmelin, *Picasso Says...*, trans. Christine Trollope (London, 1969; originally published as *Picasso Dit*, Paris, 1966)

Roland Penrose, *Picasso: His Life and Work* (London, 1981)

Mark Polizzotti, *Revolution of the Mind: The Life of André Breton* (New York, 1995)

Christopher Reed, *Bloomsbury Rooms: Modernism, Subculture and Domesticity* (New Haven and London, 2004)

Pierre Reverdy, *Selected Poems*, ed. and trans. John Ashbery, Mary Ann Caws and Patricia Terry (Winston-Salem, NC, 1991)

John Richardson, *A Life of Picasso,* 3 vols (London, 1996)

Bernice Rose, *Picasso: 200 Masterpieces, from 1898-1972* (Boston, MA, 2002)

Robert Rosenblum, *Cubism and Twentieth-Century Art* (New York, 1976)

Willliam Rubin, *Picasso and Braque* (Paris, 1989)

André Salmon, *Souvenirs sans fin* (Paris, 1955)

Martica Sawin, *Surrealism in Exile and the Beginnings of the New York School* (Cambridge, MA, 1995)

Meyer Schapiro, *The Unity of Picasso's Art* (New York, 2000)

Kenneth E. Silver, *Esprit de Corps: The Art of the Parisian Avant-Garde and the First World War, 1914-1925* (Princeton, NJ, 1989)

Gertrude Stein, *Picasso* (New York, 1984)

—, *The Autobiography of Alice B. Toklas* (London, 1960)

Jean-Yves Tadié, *Marcel Proust: A Life*, trans. Euan Camercon (New York, 2000)

Brenda Wineapple, *Sister Brother: Gertrude and Leo Stein* (New York, 1996)

致　谢

首先我要感谢埃莱娜·塞克尔（Hélène Seckel）、安妮·巴尔达萨里（Anne Baldassari）、特别是毕加索档案馆的西尔维·福雷诺（Sylvie Fresnault），感谢他们对我的鼓励和对这本书至关重要的协助，还有他们对我写作《多拉·玛尔传：在有或没有毕加索的日子里》（伦敦，2000）在档案馆进行研究期间的帮助。

我还要感谢毕加索档案馆和原始信件的版权所有人准许我出版使用这些信件。感谢让·科克托知识产权保护委员会主席皮埃尔·贝尔热（Pierre Bergé），塞尔日·马洛塞纳（Serge Malausséna）授权我使用安托南·阿尔托的信件，安东尼·彭罗斯授权我引用他父亲罗兰·彭罗斯的有信件，还有萨尔瓦多·达利基金会允许我引用萨尔瓦多·达利的信件。

图片使用致谢

作者和出版人希望对下列说明性资料的来源和准许复制这些资料表示感谢（一些资料注明地点）：

富士电视画廊，东京：225页；费城艺术博物馆：153页（A. E. 加勒廷藏品，格雷顿·伍德图片藏品）；雷克斯图片社：1页（《星报》，33130A），117页（西帕图片新闻社，162593B），199页（罗杰－维奥雷图片社，458185T）；雷克斯图片社／罗杰－维奥雷图片社：第1页（RV 317271，毕加索博物馆，巴黎，罗杰－维奥雷图片社藏品图片版权所有），4页（RV 13957-7，毕加索博物馆，巴塞罗那，罗杰－维奥雷图片社藏品图片版权所有），7页（RV 13957-3，毕加索博物馆，巴塞罗那，罗杰－维奥雷藏品图片版权所有），29页（RV 10404-1，芝加哥艺术馆，巴特利特藏品，罗杰－维奥雷藏品图片版权所有），38页（RV 2412-12，阿兰格／罗杰－维奥雷图片版权所有），53页（RV

10943-1，大都会艺术博物馆，纽约，罗杰-维奥雷图片版权所有），61页（RV 747-6，现代艺术博物馆，纽约，罗杰-维奥雷图片版权所有），91页（RV 1478-16，国家现代艺术博物馆，巴黎，阿兰格/罗杰-维奥雷图片版权所有），120页（RV 1131-9，罗杰-维奥雷图片版权所有），125页（RV 1106-11，毕加索博物馆，巴黎，罗杰-维奥雷图片版权所有），125页（RV 2174-15，毕加索博物馆，巴黎，利普涅斯基/罗杰-维奥雷图片版权所有），135页（RV 1492-7，阿兰格/罗杰-维奥雷图片版权所有），151页，（RV 5516-5，利普涅斯基/罗杰-维奥雷图片版权所有），159页，（RV 696-8，利普涅斯基/罗杰-维奥雷图片版权所有），183页（RV 663-10，罗杰-维奥雷图片版权所有），204页（RV 1798-14，利普涅斯基/罗杰-维奥雷图片版权所有），206页（RV 2112-4，利普涅斯基/罗杰-维奥雷图片版权所有），207页（RV 5721-1，罗杰-维奥雷图片版权所有）；RMN图片社：27页（毕加索博物馆，巴黎，弗兰克·鲁图片藏品），80页（毕加索博物馆，巴黎，勒内-加布里埃·奥赫达图片藏品）；俄罗斯冬宫博物馆，圣彼得堡：76页，所有毕加索作品为毕加索遗产/DACS藏品。